한국수필가협회 100인선

소반다듬이

신금철 수필선

한국수필출판부 · 월간 한국수필

작가의 말

고요한 윤슬처럼

 정情이 자라는 정원을 꿈꾸었습니다. 가끔 새들이 세상 이야기를 담고 날아와 정원에 풀어놓고 재잘거리며, 작은 풀꽃들이 소박한 일상을 소곤거리는 정원입니다. 키 작은 나무들이 다정하게 어깨동무하고 시詩를 노래하며, 푸른 가지초리가 보이지 않는 어둠 속에서 수액을 돌게 하는 뿌리에 감사할 줄 아는 온기 흐르는 정원이면 더더욱 좋겠습니다. 가끔 삶에 지친 이들이 찾아와 쉬는 휘게Hygge 공간이면 금상첨화이겠지요.
 온기와 정이 피어나는 정원을 꿈꾼 지 20여 년, 어느새 제 나이 희수喜壽입니다. 아직 미완성의 정원이지만, 꽃봉오리가 벙글고, 콩알만 한 풋열매를 수확할 그날을 꿈꾸며 소녀처럼 달뜹니다.

아직 배울 게 많은 데 갈 길이 멀고 해가 점점 기울고 있어 안타깝습니다. 그러나 멈추지 않으면 언젠가는 좋은 수필을 쓸 수 있다는 희망으로 당근과 채찍을 번갈아가며 돋보기를 걸친 채 책을 껴안고 잠이 듭니다.

윤색潤色과 윤문潤文으로 화려한 조명을 받으려 욕심내지 않겠습니다. 사람 냄새와 온기가 묻어나는 소박하고 진실한 글을 담아 독자에게 고요한 윤슬처럼 잔잔한 마음을 전하고 싶습니다.

이제 제 인생을 '소반다듬이'합니다. 글을 쓰기 위한 삶이 아닌, 진실한 삶을 글로 쓸 수 있는 수필가가 되기 위한 삶을 살겠습니다. 일상에 머문 글이지만 삶의 가치와 철학이 있고, 인간적인 소소한 감동으로 아픈 마음에 작은 위로를 줄 수 있는 수필을 쓰도록 노력하겠습니다.

수필 정원의 나무들이 나태로 고사枯死되지 않도록 성실한 정원사가 되겠습니다. 겨울꽃도 아름답습니다. 삭풍에도 봄을 품은 겨울 나목처럼, 새봄을 향한 희망을 품습니다.

2025년 9월

신금철

차례

작가의 말 … 2
고요한 윤슬처럼

1 — 천상재회天上再會

천상재회天上再會 … 11
소리 … 16
꽃수繡를 놓다 … 22
화양연화花樣年華와 계향충만戒香充滿 … 28
줄 게 없어서 … 32
무재칠시無財七施 … 38
금의야행錦衣夜行 … 44
신혼 일기 … 48
총각김치와 기념일 … 55
눈물 … 61

2 — 소반다듬이

소반다듬이 … 71

레일 위에 서 보다 … 77

지지대支持臺 … 83

별거別居 중 … 88

감색 치마저고리 … 93

그림의 떡을 맛보다 … 99

명의名醫와 명약名藥 … 107

종소리 … 113

거스름돈과 잔돈 … 119

오만伍萬원과 오만午慢 … 124

3 — 스님의 신발

스님의 신발 … 131
빛의 시어터 … 136
메멘토 모리 Memento mori … 141
호랑나비의 우화羽化 … 147
숲의 선물 … 151
1-317 … 157
드라이버와 조수助手 … 163
북엇국 … 169
초대 … 175
고라니의 탈출 … 180

부록

신금철 연보 … 187

1

천상재회 天上再會

천상재회天上再會

소리

꽃수繡를 놓다

화양연화花樣年華와 계향충만戒香充滿

줄 게 없어서

무재칠시無財七施

금의야행錦衣夜行

신혼 일기

총각김치와 기념일

눈물

천상재회天上再會

 붉은 광장이다.

 연둣빛 가녀린 꽃대에 빨간 모자를 쓴 상사화가 목을 길게 늘이고 그리운 이를 기다린다. 꽃무덤을 이루고 긴 기다림으로 서 있는 그들이 행여 그리움에 지칠까 애처롭다. 꽃나비가 되어 그들의 그리움을 달래주고 싶다.

 해마다 이맘때면 불갑사를 향해 달린다. 일요일인 오늘, 불갑사는 인산인해를 이루어 경내에서 떨어진 먼 거리에 주차한 후 셔틀버스를 이용했다. 인파 속을 헤치며 만난 상사화는 화려함 저 깊은 곳에 슬픔을 안고 있어 가슴을 저리게 한다.

 상사화는 세속의 여인을 사랑하여 말 한마디 못 한 스님의 애절한 사랑의 전설을 따라 '이룰 수 없는 사랑'이라는 꽃말을 남겼다. 잎이 나와서 모두 시든 다음에야 꽃대가 올라와 피어나니 평생 만날 수 없는 슬픈 운명이다. 사랑하는 사람을 그리워할 뿐, 만날 수 없는 슬픈 사랑의 전설이 있어, 보는 이들은 그 고운 꽃을 아픔으로 바라보아야 한다. 사랑은 아름답다. 그러나 만날 수 없는 사랑은 슬픔을 동반한다.

무리 지어 피어있는 상사화를 뒤로하고 대웅전으로 향한다. 한적한 숲속 상수리나무 밑에 다소곳이 피어있는 두 송이의 상사화가 나를 반갑게 맞는다. 마치 내 어머니 같은 꽃이다. 어머니는 자신을 드러내지 않는 겸손한 분이셨다. 사람이 많이 모인 곳보다는 조용한 곳을 좋아하셨고, 참음과 배려심이 많으신 고운 분이셨다.

어머니의 사랑을 생각한다. 어머니는 열일곱 살에 아버지와 부부의 연을 맺고 스물다섯 살의 어린 나이에 내 아버지를 잃었다. 대학을 갓 졸업했을 앳된 나이에 남편을 잃었으니, 땅이 꺼지는 슬픔과 함께 앞으로의 삶이 두려우셨을 것이다. 그렇게 어머니는 세상에 두 살배기 딸과 단둘이 되셨다. 떠난 남편에 대한 그리움을 안고 87세까지 상사화로 사시며 혈육인 외동딸 하나를 고운 꽃으로 키우기 위해 온갖 고생을 다 하셨다.

어머니가 돌아가시던 날, 나는 슬픔 속에서도 어머니가 사랑하는 아버지와 천상재회天上再會로 이승에서 못다 한 사랑을 나누시길 바라며 슬픔을 달랬다. 저세상을 모르기에 두 분이 만나셨는지 알 길이 없지만 두 분이 재회하여 행복하게 지내시는 모습을 상상한다.

가끔 어머니가 혼자 남겨두고 일찍 떠나신 아버지를 원망도 하시고, 그동안 고생하신 수고에 칭찬도 해 달라고 어린애처럼 떼도 쓰셨으면 좋겠다. 여느 부부처럼 다정하게 손잡고 여행도 다니시고 부부로서의 소소한 행복을 누리시며 다시는 헤어지지 않으시길 매일 기도한다.

그리운 어머니와 두 살 때 돌아가신 얼굴도 모르는 아버지가 다정히 손잡고 상사화로 피어나 나를 향해 웃고 계신다. 환영으로 보이는 두 분의 모습이 너무도 다정하여 조용한 미소를 짓는다.

상사화의 아름다운 정경 사진을 찍고 있던 남편이 나를 향해 렌즈를 맞추고 있다. 나는 양손을 올려 하트로 포즈를 취하고 사랑을 날렸다. 사랑하는 사람이 내 곁에 있어 행복하다. 아니 어머니의 행복한 모습을 상상하며 더 행복하다.

  사진을 찍는 남편을 따라 사계절 아름다운 곳을 누빈다. 샛노란 유채의 해맑음, 황홀함에 취하게 하는 분홍빛 진달래, 하얀 옥양목 치마를 입은 어머니처럼 청순한 메밀꽃, 어머니를 만나는 슬픈 전설의 상사화, 고운 단풍 그리고 설국의 아름다움까지 사계절을 배경으로 찍은 사진을 텔레비전의 큰 화면에 비춰보는 즐거움은 황혼에 접어든 우리 부부의 낙이다. 그와 함께 할 수 있어 행복하다.

  지금 내가 누리고 있는 행복은 아버지를 그리워하며, 재혼의 유혹을 뿌리치고 혼자 몸으로 나를 키우시느라 셀 수 없이 흘리셨을 어머니의 땀과 눈물 덕분이다. 어머니의 생전에 효도를 못 했음에 후회가 깊다. 항상 어머니는 내 마음속에 상사화로 피어있다. 어머니를 기억하고 그리워하는 시간은 아름답지만 언제나 아쉬움이 남는다. 사랑은 곁에서 함께 나누어야 더 행복하다.

  평생 그리움을 안고 살아가는 상사화가 가엾다. 영원한 이별의 사랑이 애처롭다. 상사화의 꽃대 밑에 사랑의 잎을 달아 두 분을 동여매 주고 싶다. 돌아가신 어머니가 천상에 계신 아버질 만나 행복한 모습을 상상하듯 가녀린 꽃대를 감싸안은 파란 잎과 한 몸이 되어 활짝 웃는 상사화의 모습을 상상해 본다.

대웅전에서 불경을 외우는 스님의 목탁 소리가 슬프게 들리고 그 모습이 외로워 보인다. 스님이 인간에 대한 사랑을 초월하여 상사화의 아픔을 겪지 않기를 마음속으로 빌어본다.

소리

 창문을 닫았다. 꼬리를 물고 달리는 자동차 소음에 귀가 어지럽다. 표고버섯을 차에 싣고 거리를 누비며 사람을 부르는 여인의 목소리가 애절하다. 하늘을 나는 비행기의 교만한 소리, 소리, 소리들. 창문을 닫아도 귀를 닫아도 스멀스멀 귀를 어지럽힌다.
 소리를 피해 조용한 곳으로 숨어들었다. 통도사 홍매화가 꽃망울을 터뜨려 사진작가들의 눈길을 사로잡는다. 수령 370년 정도의 홍매화는 통도사를 창건한 자장율사의 호를 따서 '자장매慈藏梅'로도 불린다. 진분홍 꽃망울을 터뜨린 홍매화는 요염한 표정으로 매력을 발산하고 있다. 내 곁지기는 일 년 만에 해후한 홍매화에 반해 사진기 렌즈를 맞추고 발그레한 얼굴을 카메라에 담느라 여념이 없다. 나는 휴대전화기에 매화 사진 몇 장을 담고, 그가 매화와 사랑에 빠져있는 동안 비밀처럼 품고 있던 숲과의 재회를 떠올리며 잰걸음을 옮겼다.

'무풍한송로舞風寒松路'는 통도사를 품고 있는 소나무 숲길이다. 아름다운 숲 전국대회에서 대상을 수상한 길이다. 아름드리 노송들이 춤을 추듯 휘어져 멋을 낸다. 호젓한 흙길은 걸어도 걸어도 지치지 않고 마냥 즐겁다. 푸른 소나무들이 나를 향해 팔 벌려 반갑게 맞아주었다. 나를 위해 내어준 맑은 공기가 한잔의 커피 향보다 달콤하다.

소나무 숲정이 사이 조붓한 길엔 통도사를 오가는 사람들의 발길이 다정하다. 자갈자갈 나누는 대화엔 정이 넘쳐 나의 외로움까지 떨쳐준다. 부처님을 만나러 오는 사람, 부처님을 만나고 가는 사람 모두의 표정이 밝다. '무풍한송로'를 오가며 마음에 쌓인 속진을 털어내고 짓누르던 짐을 훌훌 던져버렸기 때문이리라.

　욕심보다 더한 불길이 없고
　성냄보다 더한 독이 없으며
　몸뚱이보다 더한 짐이 없고

고요보다 더한 즐거움이 없다.
　　　- 법구경-

 통도사 입구 돌에 새겨진 글귀에 고개를 조아린다. 묵주를 꺼내 들었다. 절에서 묵주기도를 하는 게 마음에 걸렸지만, 부처님께선 너그러운 분이시니 이해해 주시리라 어설픈 애교를 부렸다. 건강한 몸으로 그곳까지 발걸음 할 수 있음에 감사 기도를 먼저 올렸다. 힘든 상황에 처한 분들에게도 행복한 하루를 공평하게 나누어 달라는 기도도 올렸다. 법구경의 말씀처럼 욕심을 버리고, 차오르는 분노를 삭이며, 고요를 즐기기 위해 기도 안에서 부처님과 하느님을 함께 만났다.

 한 시간 남짓 기도하며 '무풍한송로'를 지나 법당을 비켜 조붓한 길로 들어섰다. 대숲을 스치는 숨 가쁜 바람 소리, 찬바람의 배웅을 받으며 먼 길을 떠나는 청련한 물소리, 가끔 나와 기도를 함께해주는 천사의 새소리, 모두가 자연의 소리만 들릴 뿐 고요하다.

 발걸음을 멈추고 귀를 잰다. 통도사 대웅전 남쪽 정상에 있는 탑전塔殿에서 들리는 청아한 목탁 소리다. 나는 홀린 듯 돌계단을 올라 탑전 앞에 섰다. 탑전은

통일 신라 시대에 '사자목 오층석탑'을 예배하기 위해 세운 정면 3칸 측면 2칸의 팔작지붕 건물이다. 문 앞에는 여자의 회색 운동화와 스님의 털신이 가지런히 놓여 있다. 단청이 소박한 건물 벽에는 파리 한 마리가 날기를 멈추고 벽에 숨죽여 붙어 있고, 바람도, 대숲의 몸 비비는 소리도 목탁 소리에 귀를 기울이고 있다. 나도 그들의 멈춤에 동참했다.

 노스님의 불경과 함께 여인의 울음이 목탁 소리에 실려 문밖으로 새어 나왔다. 불경의 의미는 모르지만, 간간이 들리는 여인의 울음소리는 슬픔을 품었다.

 몇 해 전 불의의 사고로 운명한 지인의 천도재에 다녀온 일이 있다. 목탁 소리가 그토록 애잔하게 들렸던 건 그때가 처음이다. 여인의 울음소리와 목탁 소리가 슬픈 음악처럼 애처롭다. 여인도 누군가의 극락왕생을 위한 간절한 기원을 하고 있을지도 모른다는 생각에 마음이 울컥했다. 목탁 소리에 그녀의 슬픔이 바람을 타고 승화되기 바라며 화살기도를 바쳤다. 간간이 들려오는 그녀의 울음소리는 천상에 오르신 내 부모님을 떠올리게 했다. 어머니와 아버지가 갑이별로 이승에서 누리지 못했던 복락을 누리시길 빌며 두 손을 모았다.

고요가 좋다. 인간이 만들어 낸 온갖 소음과 마음을 어지럽히는 때 묻은 낭설浪說을 잠시 잊은 채 원초적인 바람 소리, 순수한 나뭇잎들의 속삭임, 번뇌를 떨쳐내는 목탁 소리를 들을 수 있어 행복했다. 세상의 자그러운 소리에 지칠 때 평온을 되찾을 수 있는 조용한 사찰에서 때 묻은 마음을 씻는다. 이런 공간에 삼삼오오 몰려다니며 왁자글한 세속의 소리가 스며들어 안타깝다.

이제 청력聽力이 약해져 자꾸 되묻는 때가 많다. 그러나 아직은 큰 불편 없이 사랑하는 가족과 친구들의 이야기를 듣고 대화를 나눌 수 있어 행복하다. 또한, 자연의 소리에 취해 걸음을 멈출 수 있는 감성이 메마르지 않아 행복하다. 소리를 통하여 희로애락喜怒哀樂을 느낄 수 있음은 얼마나 큰 축복인가? 그동안 내 마음을 오염시켰던 소리를 정화淨化시키고 통도사에서 만난 아름다운 소리를 내 몸 깊숙이 저장하여 가끔 꺼내 음악처럼 듣고 싶다.

쇄락한 바람이 온몸을 스친다. 오늘따라 '무풍한송로舞風寒松路'의 메숲진 바람 소리와 '또로록 또로록' 울리는 스님의 목탁 소리가 더욱 선명하게 들린다. 때 묻지 않은 산사의 소리에 취해 욕심도 성냄도 버리고 고 조곤히 잠심潛心에 든 하루였다.

꽃수繡를 놓다

 병근 웃음꽃이 활짝 핀 건 공항 대합실에서였다. 총무를 담당한 친구가 예매한 제주행 비행기 좌석표를 찾기 위해 신분증을 모아 창구로 가더니 헐레벌떡 달려와 나에게 신용카드를 내밀었다. 내가 신분증 대신에 신용카드를 주어 표를 못 받고 돌아온 것이다. 순간 여섯 명의 웃음이 동시에 터져 나왔다. 일흔의 나이가 실감이 났다. '평소에 찬찬했던 네가 웬 실수냐?'라고 놀려대는 친구들이 밉지 않았던 것은 실수에도 너그러운 동창생들이었기 때문이다.
 여고를 졸업한 지 50여 년, 일흔 고개에 올라선 기념으로 제주 여행을 앞두고 잠을 설쳤는지 옆 좌석에 앉은 친구들은 비행기가 이륙하자마자 눈을 감았다. 나도 잠을 설쳤지만 잠이 적은 나는 슬그머니 친구들의 조는 모습을 휴대전화기 카메라에 담으며 미소를 지었다. 함께 여행을 떠나자고 몇 년을 벼르고 별렀다. 각자의 삶이 다르니 날짜를 맞추지 못해 차일피일 미루다 드디어 떠나는 여행이었다.

제주도의 하늘은 투명한 햇살을 쏟아내고, 노란 유채는 가벼운 몸짓으로 하늘거렸다. 우리는 행여 추울까 걸쳤던 패딩을 벗어버리고 티셔츠에 걸친 스카프를 휘날리며 유채밭에서 세상을 자유롭게 훨훨 날아다니는 한 무리의 나비였다. 서글픈 일흔의 나이와 힘들었던 삶의 무게를 내려놓고 관절의 통증도 잊었다. 손을 꼭 잡고 올레길을 걸으며 꿈 많던 여고생으로 돌아가 함박꽃처럼 환한 웃음꽃을 피우며 마냥 즐거웠다. 바닷가 고운 모래 위에 남편의 이름을 쓰고 하트를 날리는 친구의 모습은 단발머리 소녀였고, 그를 놀려대는 친구들도 소녀가 되어 영화의 주인공처럼 모래밭을 달렸다.

몽골인들이 펼치는 말 공연을 관람하며 만주 벌판을 누비던 광개토대왕의 위대함과 좁은 땅마저 갈라져 통일을 갈망하는 나라의 현실을 안타까워하는 애국자였다. 공중서커스를 관람하며 손주 같은 아이들의 아찔한 곡예에 애처로워 눈물을 흘리는 할머니가 되기도 했다.

우리는 쑥스러움을 잊은 채 멋진 포즈를 취하며 아름다운 제주를 배경으로 수백 장의 사진을 찍었다. 언제나 그리운 하얀 칼라의 여학생 교복, 남학생 교복에 삐뚤게 모자도 쓰고 딱딱한 의자에 앉아 '저요, 저요.'를 외치며 깔깔거렸다. 음악 교사를 했던 친구의 오르간 반주에 맞춰 '학교종', '여고 시절'을 부르며 가슴 찡한 시간도 가졌다.

슈퍼마켓에서 물건을 담는 카트가 생각나지 않아 한참을 고심하던 친구가 '리어카'를 찾는 바람에 슈퍼가 떠나가도록 배를 움켜쥐고 박장대소를 했다. 선글라스를 쓴 친구가 내 손에 들려있는 선글라스를 빼앗아 자기 얼굴에 겹쳐 쓰려고 애쓰는 모습에서도 눈물이 날 정도로 함께 웃기도 했다. 마음과 달리 헛소리가 나올 때는 함께 웃고, 희미한 드라마 제목과 주인공의 이름도 함께 기억하려 애를 썼다. 나이 듦을 인정하고 더 나빠지지 않도록 신문도 읽고, 부지런히 운동도 하며 건강에 유의하자고 서로를 위로하였다.

아침 일찍 일어나 내가 끓인 된장찌개와 김치찌개

에 마른반찬, 부실한 식단으로 식사 했지만, 제주의 맛집 식당보다 더 맛있었던 것은 우정이라는 양념과 사랑으로 조리한 음식이었기 때문이리라.

제주도의 푸른 물결, 부끄럼 없는 맑은 하늘, 품 넓은 가슴으로 우리를 안아주던 노란 유채의 하늘거림, 제주의 아름다운 모든 것들이 다 우리의 것이었다.

마음에 맞는 친구들과 한 달에 한 번씩 만나며 정을 쌓은 지 50여 년이 흘렀다. 살다 보면 어찌 근심 걱정이 없겠는가? 우리는 여행 내내 그 누구도 어두운 이야기는 꺼내지 않았다. 오직 환하고 아름다운 이야기로 꽃을 피우고 행복에 묻혔다. 그동안 수없이 말로만 떠났던 여행의 바람이 결실을 맺은 '칠순 맞이 여행'으로 우리의 우정은 더욱 돈독해졌다.

나이 일흔을 '불유구不踰矩'라 한다. 어떤 행동을 해도 법도에 어긋남이 없는 나이라 했다. 70년을 살아오며 터득한 삶의 지혜와 경험으로 남은 생을 더 반듯하게 살라는 격려의 상장일 게다.

돌아오는 비행기 안에서 지그시 눈을 감고 일흔의 언덕에 올라 살아온 세월을 돌아보며 부끄럽지 않게 살았는지, 법도에 어긋남이 없이 옳게 살고 있는지 되돌아보았다. 아픈 회한의 그림자가 어른거려 지그시 눈을 감았다. 남은 날은 후회 없는 삶을 살리라 마음을 다졌다.

나는 창문을 열러 갔다가
창문 앞에 우두커니 서 있고
아내는 냉장고 문을 열고서 우두커니 서 있습니다.
누구 기억이 일찍 돌아오나 기다리는 것입니다.
그러나 기억은 서서히 우리 둘을 떠나고
마지막에는 내가 그의 남편인 줄 모르고
그가 내 아내인 줄 모르는 날도 올 것입니다.

-이생진의 아내와 나 사이 중에서-

시 낭송을 공부하면서 외운 시 중 가장 공감이 가는 시다. 점점 잃어가는 기억의 안타까움을 그린 시인의 심정을 이해하면서도 마음 한구석이 텅 빈 듯 허전하다. 이제 병원을 찾는 일이 잦아지고, 기억력이 줄고 판단력도 흐려져 실수를 자주 저지른다. 아마 친구들도 모두 나와 같은 노화 현상을 겪고 있을 것이다. 그러나 모두 당연하게 받아들이고 이에 순응하며 넘어지지 않으려고 애쓰고 있다. 돌아오는 비행기 안에서 여행에 피곤한 듯 눈을 감은 친구들의 편안한 모습을 보며 행복의 미소를 지었다.

'나이 들면 돈을 세지 말고 친구를 세라.'라는 말처럼 외로울 때 함께 할 수 있는 친구들이 있음에 마음이 푸근하다. 3박 4일의 제주 여행은 욕심도, 걱정도 내려놓고 친구들과 함께 여행을 즐기며 일흔 살 소녀가 되었던 행복한 시간이었다.

우리는 평소보다 알록달록 색깔 고운 옷을 갈아입으며 서로 예쁘다는 칭찬도 아끼지 않았고, 주름진 얼굴의 환한 웃음도 함께 나누었다. 그러나 울긋불긋 화려한 옷차림보다 나이 들어 외롭고 초조한 마음에 알록달록 예쁜 꽃들을 수놓은 행복했던 제주의 나들이가 친구들에게도 나에게도 남은 삶에 희망과 의욕을 심어준 행복의 씨앗이 되리라.

고단한 하루를 내려놓는 고운 노을빛처럼 친구들의 마음도 곱게 물들기를 기도한다.

화양연화花樣年華와 계향충만戒香充滿

 어느새 연꽃은 삶을 마무리할 준비를 하는지 기운을 잃고 있다. 한편엔 이미 생을 다한 꽃잎들의 낙하가 애잔해 보인다. 다만 그들의 시름에 아랑곳없는 연잎들의 기세는 푸르다 못해 기운이 넘친다. 범접할 수 없는 자연의 섭리다.

 그이는 연꽃의 만개 시기를 놓쳐 꽃들의 화양연화를 사진기에 담지 못해 못내 아쉬워한다. 행여 아직은 남았을 풋풋한 연꽃을 찾느라 그의 발걸음이 부지런하다. 치열한 전투 속에서도 살아남는 자가 있듯 드넓은 궁남지엔 늦둥이로 핀 꽃들이 가끔 눈에 뜨인다.

 빈곤 속의 풍요랄까? 몇 송이 연꽃이 보란 듯이 뒤늦은 관람객의 눈길을 더욱 사로잡는다. 매의 눈으로 렌즈를 들여댄 그는 요지부동으로 연꽃에 몰두하고 있다. 물고기가 많다고 낚시에 다 걸리지 않듯, 풍경이 다채롭다고 좋은 작품이 나오는 것만은 아닌 것 같다. 노련한 기술에 고기가 낚이듯 피사체의 의미를 어떻게 잘 담느냐에 따라 멋진 작품을 건져 올릴 수 있다. 사계절의 모습을 사진에 담는 그를 따라다니며 터득한 나의 얕은 사진 상식이다.

  마음에 드는 연꽃을 발견했는지 그의 발걸음이 멈춰졌다. 햇볕이 따가워 정자에서 책을 펴들었던 나의 눈도 그에게 정지되었다. 얼마나 지났을까? 휴대전화기로 일 초면 담을 사진을 족히 한 시간에 걸쳐 촬영을 마친 그는 만족한 듯 자리를 옮겼다. 어떤 의미를 두고 사진을 찍었을까 무척 궁금했다.

  '화양연화', 그가 찍은 사진의 작품명이다. 기도 손을 한 연분홍 꽃봉오리다. 사춘기에 접어든 소녀처럼 앳된 모습에 설렘이 가득하다. 너무도 풋풋하여 행복하기만 한 철부지 소녀 같다.

  그 푸른 청춘 아래 봉긋이 다물었던 잎을 열어 가슴을 환히 보여주는 연꽃 한 송이가 은은한 미소를 짓고 있다. 이미 꽃잎 하나가 아래로 기울어져 꽃의 형태를 잃어가고 있다. 그가 화양연화라 이름 붙이고 싶은 꽃은 잔뜩 가슴 부푼 볼 빨간 사춘기 꽃이 아니라, 우주의 질서에 순응하며 낙화를 받아들일 준비를 하는 시든 꽃이란다. 만개의 기쁨을 누리기까지 아름다운 꿈을 꾸며 행복한 순간도 있었겠지만, 비바람에 시달리기도 하고 벌레의 괴롭힘을 당하던 시절도 있었겠지…. 푸른 청춘의 고달픔을 잊고 이제 편안한 마음으로 열매 맺을 준비를 하는 모습이 오히려 행복해 보여서란다.

이유를 묻지 않았다. 그는 지금이 자기 인생의 화양연화라는 말을 자주 한다. 아이들 셋이 모두 가정 꾸려 행복하게 살고, 우리 부부 건강하고 경제적으로 큰 불편 없으니 더 이상 바랄 게 없다나? 아마도 오늘 찍은 연꽃에 그의 솔직한 마음이 담긴 것이리라. 나 역시 그와 한마음이기에 그럴듯하여 잎을 늘어뜨린 연꽃에 애정을 담았다.

연蓮은 7, 8월에 꽃을 피워 관상용으로 우리를 즐겁게 해주지만, 식용으로도 많이 이용되고 있다. 연꽃차는 숙취에 도움이 되고, 자양 강장 효과가 있다. 연잎은 심신을 안정시키고 갈증을 해소하여 여름의 대표 약재로 사용된다고 한다. '꽃 가운데 군자'라 일컫는 연꽃이 더욱더 고귀하게 여겨진다.

  그는 찍은 사진을 지인들에게 매일 전송한다. 사진을 받은 몇몇 지인들은 사계절의 아름다운 경치를 집 안에 편히 앉아서 볼 수 있다며 사진 감상평을 보내온다.

  화양연화라는 제목의 연꽃 사진을 받은 어느 지인이 '계향충만'이란 답장을 보내왔다. 연꽃이 피면 물속의 시궁창 냄새가 사라지고 향기가 연못에 가득하다는 뜻이다. 한 사람의 선행이 온 세상을 훈훈하게 만든다는 의미이다. 진흙 속에서 자라지만 진흙의 향기와 색깔과 모양을 담지 않고 아름다운 꽃으로 피어나 그 은은한 향기를 품은 연꽃이 새삼 신비스럽게 다가왔다. 향기로 인해 시궁창 냄새까지 사라지게 한다니 이보다 아름다운 보시布施가 또 있을까?

  안분지족으로 연꽃의 화양연화를 자기 삶에 비유한 남편도, 연꽃의 의미를 한 사람의 인간애에 비유한 지인의 소감도 내게 특별했다. 지인에게 아내는 한 송이 연꽃이었을 것이다. 오래전에 온 집안을 향기로 채웠을 연꽃 같던 아내를 잃고 외롭게 지내는 그분에게 '화양연화花樣年華와 계향충만戒香充滿'은 더 특별한 의미가 되었으리라.

줄 게 없어서

"변변하게 줄 게 없구나."

꾸역꾸역 미어터지게 욕심껏 배를 채운 검정 비닐봉지가 늘비한데도, 어머니는 줄 게 변변치 않다는 말씀을 그치지 않으셨다. 텃밭에 심어 한두 장 따다 담가 놓으신 깻잎장아찌, 깨끗한 물만 주고 키워 햇볕에 말린 태양초, 울퉁불퉁 모양이 제멋대로인 고구마 한 봉지….

보따리에는 휘어진 등을 곧추세우실 때마다 내쉰 어머니의 가쁜 숨이 숨비소리처럼 고여있다. 무릎이 아파 '아구구' 소리를 내시면서도 자식들에게 줄 푸성귀를 가꾸신 어머니의 사랑이 푸른 향기로 넘친다. 이때나 오려나, 저 때나 오려나 가슴 저린 기다림이 잔뜩 배어있는 보따리를 받으면서도 나는 진심 어린 감사와 감동을 표현하지 못했다.

바쁘다는 핑계로 가물에 콩 나듯 찾아뵐 때마다 어머니는 늘 무언가를 더 들려 보내려 애쓰셨다. 잔뜩 양손에 보따리를 들고 오면서도 싸주신 것들의 무게만 저울질했을 뿐, 자식을 위한 어머니의 사랑 무게를 헤아리는 데 소홀했다.

서울에 사는 막내아들이 출장차 집에 들렀다. 밤 10시가 넘어 연락을 받고 부랴부랴 아들이 쓰던 방에 보일러를 틀며 혹시 추울까 노심초사 자주 들여다보았다. 평소 안 쓰던 방이라 쉽게 데워지지 않아 추웠다는 아들의 말에 내 마음 한구석 찬바람이 지나갔다. 절약이 몸에 배셨던 어머니도 자식이 찾아오는 날만큼은 연탄불 구멍을 활짝 열어 방을 덥히셨으리라.

새벽부터 일어나 따끈한 아침을 먹이고 싶은 마음에 된장배춧국을 끓이고, 재워두었던 불고기를 굽는 등 나이가 들면서 부실한 아침을 먹던 내가 부산을 떨며 아침을 준비했다. 이것저것 반찬을 준비하고 식사 준비를 하느라 등줄기에 땀이 촉촉이 뱄다. 오래전부터 양쪽 어깨가 아파 침을 맞고 물리치료를 받는 중이었지만 아픔도 잊었다.

주섬주섬 올망졸망 보따리를 들려 보내시던 어머니처럼 무엇 하나라도 더 챙겨주어야겠다는 생각에 매의 눈으로 냉장고를 훑었다. 아들은 대부분 집에서 식사하지 않는다며 밑반찬을 만드는 나를 만류한다. 엄마가 힘들까 걱정하는 아들의 마음을 왜 모르겠는가. 아들은 서운해하는 어미의 심정을 헤아려 다음부턴 절대 힘든 일은 하시지 말라며 마지못해 보따리를 들고 갔다. 며느리는 전화로 어머니가 해주신 반찬으로 맛있게 밥을 먹었다며 감사의 마음을 전해왔다. 힘은 들었지만, 흐뭇함에 미소가 절로 났다. 인터넷에 떠도는 믿고 싶지 않은 고부간의 갈등 이야기가 떠오른다. 어떤 며느리가 시댁이 싫어서, 시어머님이 경비실에 맡기고 간 김치를 열지도 않고 보자기째 버렸다는 낭설은 전혀 나와 무관한 가십이라는 어이없는 행복에 피식 웃음이 났다. 아들 내외가 직장생활을 하니 반찬 갖춰 제대로 식사하지 못하는 것 같아 늘 마음이 아프다. 곁에 있으면 더 잘 챙겨줄 텐데….

반찬가게가 점점 늘어나고 있다. 직장생활로 바쁜 세대들에게 반찬가게는 신세계이리라. 눈요기로 가게 안을 들여다볼라치면 윤기가 자르르한 볶음 요리와 군침이 도는 김치, 게다가 각종 나물무침까지 정갈하게 진열되어 있다. 조리 시간, 재료비, 노동을 생각하면 그리 아깝지 않은 가격이다. 나는 비록 힘들게 살았지만, 나처럼 직장과 주부로 힘들 내 자식들과 젊은이들에게 반찬가게가 있어 다행이란 생각이 든다. 엄마의 마음이겠지….

  42년 직장생활을 하면서도 반찬은 손수 만들고, 한 해도 빠지지 않고 김장을 했다. 직장과 주부의 역할을 병행하느라 무척 힘이 들었다. 아직도 나는 우리 집 주방에 익숙하여 반찬가게를 이용하지 않는다. 이제 팔다리가 아프고 힘이 들지만, 엄마의 손맛을 좋아하는 자식들에게 손수 담근 김치와 반찬을 나르고 있다. 퍼내도 퍼내도 마르지 않는 샘물처럼 자식에 대한 어미의 사랑은 끝이 없는 게 아닐까?

  결혼을 기피하는 젊은이들이 늘어나고 있다. 천정부지로 솟은 집값으로 내 집 마련이 어렵고 직장생활로 인하여 육아의 어려움이 주요인이라고 한다. 또한, 지나친 자기애와 개인 중심적인 생각이 빚어낸 사회현상이리라. 자식들의 결혼 기피 추세는 부모에게도 부담이 된다. 번듯하게 집이라도 마련해주고 싶은 게 부모의 마음일진대 여건이 되지 못하는 부모의 속 타는 마음을 얼마나 알까?

가난과 고생을 경험하지 못한 세대인 그들에게 사치와 향락의 유혹은 너무 가까이 있다. 소유를 위해서 수단과 방법을 가리지 않고, 범죄의 구덩이에도 불나방처럼 뛰어든다. 사치와 향락을 위해 부모와 아내에게 위해를 가하고, 이해관계가 없는 범죄까지 일어나고 쉽게 생을 던지는 자해 행동이 늘고 있다. 가끔 부모의 죽음보다 유산 싸움에 고소 고발이 난무하는 기사를 접할 때 진정 돈의 가치가 무상함을 느낀다.

금전만능주의가 인륜까지 저버리는 안타까운 현실에, 자식들 셋이 적령기에 결혼하여 부모에게 경제적 부담 주지 않고 가정을 꾸려가니 고마울 뿐이다. 어쩌다 장성한 남녀가 결혼하는 게 부모로서 고마워해야 할 일이라니 안타깝다.

우리 부부는 큰 재산을 물려받지 않았지만, 부모님을 원망하거나 기대려고 하지 않았다. 어머님도 아버님의 공무원 박봉으로 5남매를 키워내셨으니, 재산이 쌓여 있을 수 없음을 알기에, 우리 부부는 주어진 여건에서 알뜰하게 쓰고 저축하며 아쉬운 소리 하지 않으려 애썼다. 부모님께서는 대견하다고 '도닥도닥' 어깨 두드려주시며 힘을 주셨고, 어려울 때마다 위로와 격려로 든든한 울타리가 되어주셨다. 나도 자식들에게 큰 재산은 물려주지 못했지만, 내 손으로 김치 담그고, 기름이라도 짜서 한 병씩 나누어 줄 때마다 작은 것에도 감사하다며 따뜻하게 손잡아주는 자식들이 사랑스럽다. 변변치 못한 것이라도 더 손에 쥐여주고 싶어 하시던 어머님의 마음을 뒤늦은 나이에 조금씩 알아간다.

"변변히 줄 게 없다."라시던 어머님의 말씀은 가진 것 다 내주어도 아깝지 않은 이 세상 모든 부모의 사랑법이었다. 부모의 사랑은 그 어떤 것으로도 계산할 수 없는 은총과 축복임을 내 자식들에게 유산으로 물려주고 싶다.

무재칠시 無財七施

 채송화처럼 예쁜 그녀를 만나는 날이다. 그녀는 오늘도 어김없이 환한 표정으로 반색하며 나를 맞아준다. 오전 9시가 조금 넘어 아직 이른 시간인데도 원장의 손길을 기다리는 여인들이 미용실에 꽉 차 있다. 그녀에게 머리를 맡긴 지 10년이 넘었다. 원거리에 있지만, 가까운 아파트 앞의 미용실을 마다하고 먼 거리의 미용실을 찾는다. 그녀의 눈웃음과 시냇물 흐르듯 상냥한 말씨가 자석처럼 나를 이끌기 때문이다. 그녀의 환한 얼굴을 보는 날은 거저 받는 귀한 선물이다. 진실한 눈빛과 아름다운 미소와 친절로 꽃수를 놓은 고운 얼굴을 보면 우울했던 마음까지 사라진다.
 거리를 스치며 행인들의 표정을 유난히 살펴볼 때가 있다. 인류가 창조된 이후부터 사람의 얼굴 구성은 배치가 잘된 신의 작품이다. 눈, 코, 입의 수가 같으며, 크기와 모양도 대부분 비슷하다. 그러나 각 사람에게서 풍기는 인상은 천양지판이다. 볼 수도 만질 수도 없는 표정의 신비스러움은 신의 묘수다. 희로애락의 거울을 숨겨놓았다. 무표정한 얼굴을 스칠 때마다 나의 표정으로 인하여 상대방의 기분을 좌우할 수도 있다는 생각에 짐짓 온화한 표정을 지어본다. 마음까지도 따라주길 바라며….

불가에 무재칠시無財七施라는 말이 있다. 가진 재물이 없어도 다른 사람에게 베풀 수 있는 일곱 가지의 보시布施를 말한다. 화안시和顏施, 안시眼施, 언시言施 등 오로지 우리의 몸과 마음을 통하여 다른 이를 위로하고 격려하며 사랑을 베푸는 봉사이다.

화안시는 부드러운 미소, 평온한 얼굴로 상대방을 대하는 보시이다. 편안해 보이는 얼굴, 미소가 아름다운 사람을 보면 절로 기분이 좋아진다. '웃는 얼굴에 침 뱉으랴.'라는 말처럼, 미소 짓는 사람 앞에서는 화를 낼 수도 없고 기분 나쁜 소리를 할 수도 없다. 때로는 표정으로 용서와 화해의 가교역할도 한다.

안시는 우리의 눈을 통해 베풀 수 있는 보시이다. 눈

은 무언의 언어라고 한다. 소리는 낼 수 없지만, 눈을 통하여 희로애락의 모든 감정을 표현할 수 있다. 상대방의 눈빛에서 행복, 성남, 슬픔과 즐거움을 읽는다. 선한 눈빛에는 마음이 편해지고, 싸늘한 눈빛에는 두려움을 느낀다. 이보다 더 훌륭한 언어가 어디 있겠는가.

언시는 다른 사람을 인정하고, 칭찬하거나 말로 위로하고 격려하는 보시이다. '말 한마디에 천 냥 빚을 갚는다.'라고 하지 않는가. 그런가 하면 말로 인하여 칼이 되고 화살이 되어 깊은 상처를 내기도 한다. 되돌릴 수 없는 말 한마디가 얼마나 중요한지를 늘 가슴에 새기고 신중하게 해야 하지 않을까.

S 미용실의 고객은 젊은이부터 중년에 이르러 연세 높으신 어른들까지 고루 있다. 원장은 눈빛으로, 미소로 언제나 기분 좋은 말로 누구에게나 친절을 베푼다. 처음 오는 사람이나 오래된 고객에게나 공평하게 친절하다. 고객들도 이를 알기에 차례를 지킨다. 기다리는 시간이 길어져 지루할 걸 염려하여 간간이 음료와 간식을 준비하고 수시로 안부를 묻는 등 재바른 손놀림 중에도 늘 대화를 이어간다. 거쳐 간 손님들의 성격, 외모, 집안 내력까지 꿰뚫고 정다운 이웃이나 친척

처럼 대하니 그녀에게 반하지 않을 수가 있으랴.

 그녀의 친절이 직업상 가식일 거라 생각되지 않는다. 모든 고객을 대하는 그녀의 진심이 가슴에 와닿는다. 자식 때문에 힘들고, 사업 실패로 어려움을 겪는다고 서슴없이 털어놓는 손님들에게 그녀의 환한 미소와 친절한 말씨는 위로가 되고 정화되어 다시 찾고 싶은 마음이 절로 생기게 한다. 고객의 상담사 역할까지 하는 그녀가 존경스럽다.

 미용실에 다녀오는 날엔 평소보다 거울을 자주 들여다본다. 그녀의 손길이 스쳐 간 내 얼굴이 달리 보인다. 늘 젊고 예쁘다는 칭찬이 나를 미소 짓게 한다. 칭찬을 곧이곧대로 받아들일 어리석은 나이는 아니지만, 기분이 좋다. 언시의 효과이다. 말로 다른 이를 행복하게 해줄 수 있는 그녀는 재산보다 가치 있는 사랑을 지닌 마음 부자이다.

 거울 속에 비치는 나를 살그머니 들여다본다. 가느다란 쌍까풀로 그리 밉지 않았던 내 눈은 늘 위를 향해 올려보느라 힘겨웠던지 눈꼬리가 축 처져 있다. 이제 낮은 곳에 눈의 초점을 맞추며 겸손하게 살라는 세월의 충고가 아닐까? 힘겹고 짜증으로 부릅떴던 눈에 어설픈 눈웃음을 지어본다. 따뜻한 눈빛으로 보시한 적이 몇 번이나 있었을까? 내 눈빛으로 인해 마음의 위로를 받은 사람이 한 사람이라도 있었을까. 자신이 없다. 머리를 젓는다.

미용실을 경영한 지 20년이 넘었다는 그녀는 자신의 일에 긍지와 자부심을 가지고 있다. 머리를 만지는 시간은 얼마를 서 있어도 힘들지 않단다. 그녀를 볼 때마다 존경과 감동이 내 감성을 촉촉이 적셔준다. 훌륭한 어머니의 모습을 지켜보며 함께 일하는 아들에게도 자연스럽게 대물림이 되리라. 이보다 더 모범적인 자식 교육이 또 있으랴. 재물이 없어도 건강한 몸과 진심 어린 마음으로 누군가에게 위로와 기쁨을 줄 수 있는 무재칠시를 그녀에게 배우며 내 마음에 조용한 자성의 파문이 인다.

이제 슬픔을 함께하고, 고난을 겪는 이를 위로하며 질투 대신 진심 어린 축하의 눈빛을 보낼 수 있는 진실의 거울이 시급하다. 거울을 들여다볼 때마다 얼굴에 돋은 점을 세는 대신 부드러운 미소, 따뜻한 시선, 밝은 표정 관리를 받을 수 있는 화안시의 거울이면 좋겠다. 말솜씨 자랑이 아닌 상냥하고 부드러우며 다정하고 친절한 말씨로 다른 이에게 위로와 평화를 퍼줄 자선慈善의 우물도 하나 가슴에 품어야겠다.

금의야행錦衣夜行

 비단옷을 선물로 받았다. 현란한 색과 화려한 무늬는 없으나 결이 보드랍고 수수한 옷이다. 비단옷을 선물로 주신 분은 조건을 달아 주셨다. '금의야행' 하라신다.

 옷은 자신의 몸을 보호하는 역할을 주로 하지만 다른 사람 앞에서 으스대고 싶은 인간의 허영과 사치의 본능을 부추기기도 한다. 그런데 빛이 나지도 않고 보아주는 이가 없는 밤에 입으라니…. 그러나 특별한 분이 주신 옷이니 깊은 뜻이 담겨 있으리라 감사하게 받았다. 매사에 적극적이지 못하고 소심하며 늘 뒷전에서 어정거리니 한 번쯤은 비단옷을 입고 '앞장서되 드러내려 애쓰지 마라.'라는 무언의 말씀에 따라 조심스레 많은 이 앞에 마주 섰다.

내게 맡겨진 임무는 글로 하느님의 뜻을 전달하고, 글을 쓰는 동안 진솔한 삶과 보이지 않는 선행 의지를 표명한 사람들과 함께하는 단체의 리더이다. 여러 문학단체에 가입하여 활동하고 있으나 조금은 성격이 다른 모임이다. 글을 쓰는 사람으로 말과 행동이 조심스러웠지만, 내 글이 하느님 뜻에 어긋나지는 않는지, 말과 행동의 제약이 나를 옥죄었다. 우리 회원들 역시 나와 같은 생각을 하리라.

 어느 단체든 화합이 가장 중요하다. 개성이 다르고 생각이 달라 의견의 불일치와 불평불만이 존재한다. 나는 회원들의 화합을 위해 가시 같은 내 감정을 다스렸고, 회원들보다 앞장서서 일하려고 애썼다. 밤을 새워 기획하고 내가 가진 달란트를 총동원하여 쏟아부었다. 가끔 힘이 들 때면 나의 수고를 누군가 알아주었으면 하는 마음을 드러내고 싶었고, 회원들이 칭찬해 줄 때는 비단옷을 자랑하고 싶은 마음이 꿈틀거렸다. 그러나 궂은일에도, 힘든 일에도 묵묵히 비단옷 입고 밤길을 걸으며 자신을 드러내지 않는 회원들의 모습이 앞장선 나를 부끄럽게 했다. 수고를 아끼지 않는 회원들을 보며 겸손을 되뇌었다.

이렇듯 드러내지 않고 희생하는 분들과 회원님들 화합의 덕분으로 창단 일여 년 만에 e북 《빛의 무게》, 순교자의 삶을 살다 가신 자랑스러운 선조들의 이야기인 《네 믿음이 장하다》, 창간호인 《가톨릭文學》 등 세 권의 책을 발간하게 되었다. 아직 미숙한 책들이지만 화합과 선행의 열매인지라 뿌듯하다. 함께 비단옷을 입고 야행하는 회원님들에게 감사할 뿐이다.

금의야행錦衣夜行은 비단옷을 입고 밤길을 걷는다는 뜻이다. 항우가 진나라를 멸망시킨 후, 유생인 한생韓生은 유방과 다른 제후를 견제했다. 그는 천하를 다스리기 위해서 진나라의 수도 함양에 머무르면서 세력을 키워야 한다고 제안했다. 항우는 초나라로 돌아가 고향에 있는 사람에게 공적을 자랑하고 싶었다. 부귀를 얻고도 고향에 돌아가지 않는다면 비단옷을 입고 밤길을 걷는 경우와 같다는 말에서 유래된 말이란다.

현실은 자기 PR 시대이다. 비단옷을 입고 밤길을 걷는 사람을 어리석다고 비웃는 사람도 있으리라. 그러나 드러내지 않고 선행을 하는 사람도 많으니, 세상은 그리 어둡지 않다.

우리 조상님 중에는 끼니를 걱정하던 시절, 쌀이 없

어 명절을 쇠지 못하는 집 마당에 주인 모르게 쌀자루를 던져 놓으신 고조모가 계신다. 할머니가 돌아가시고 나서야 선행이 드러나 마을 어귀에 송덕비가 세워졌다. 금의야행錦衣夜行으로 몸소 하느님의 계명을 실천하신 할머님이 자랑스럽다.

 가끔, 드러내고 싶은 마음이 불쑥불쑥 고개 든다면 스스로 내 교만함을 꾸짖어야겠다. 보아주는 이 없어도 옳은 일을 할 때 어두운 밤길 조심하라고 환히 비춰 주시며 등 도닥여 주시는 그분이 계시지 않는가.

신혼 일기

'돌돌돌돌' 리듬을 타며 돌아가는 세탁기 소리가 정겹다. 한 줄기 볕뉘가 반갑다. 거실에 비스듬히 누워 돌돌거리는 세탁기를 벗 삼아 책장을 넘기며 여유를 즐긴다. 한겨울, 손에 찬물 한 방울 묻히지 않고 편하게 누워있어도 깨끗이 빨래를 할 수 있는 행복을 선물해 준 문명의 이기와 변화한 세월이 고맙다.

어머니는 사윗감이 마음에 드셨던지 결혼식을 서두르셨다. 아내, 며느리의 역할이 얼마나 힘들고 어려운지 가늠도 못 한 채 결혼하였다. 준비 없이 이소離騷를 서두른 새처럼 새 보금자리에 안착하기 힘들었다. 어미 새가 힘들게 날아 물어다 주는 먹이를 편하게 받아먹으며, 노래만 불렀던 새끼 새였다. 엄마 생각에 홀로 숨어 훌쩍거렸다.

새벽이면 일찍 일어나 부엌에서 우두커니 서 있는 시간이 많았다. 밥 짓는 순서도, 방법도 무지해서 밥솥에 쌀을 넣고 물을 부었다 덜기를 반복했다. 조급함에 솥뚜껑을 열고, 닫기를 거듭하며 겨우 연탄불에 밥을 지으면 고두밥이거나 죽밥이었다. 밑반찬은 어머님께서 해주셔서 겨우 밥만 짓는 것도 여섯 식구의 식사 준비는 나에게 벅찼다. 다행히 고두밥이건 진밥이건 불평 없는 식구들이 감사하기 그지없었다.

밥은 그럭저럭 해결했지만, 빨래만큼은 도저히 감당이 어려웠다. 추운 겨울이면 빨래 때문에 여자들의 손이 거북이 등처럼 갈라졌던 시기였다. 퇴근 후, 양말과 소품들은 고무장갑을 끼고 수돗물로 손빨래를 하였다. 바지, 와이셔츠, 티셔츠 같은 큰 빨래는 작은 내 손에 쥐어지지도 않아 엄두를 낼 수가 없었다. 더구나 11월의 추위는 맵고 삭막하여 내 마음은 더욱더 을씨년스럽고 시렸다.

신혼의 단꿈에 젖어야 할 내게 빨래는 고통으로 내리눌렀다. 궁리 끝에 혼서婚書와 혼수품을 넣었던 함 가방에 빨래를 쌓아놓기 시작했다. 다행히 겨울이라 빨래를 자주 하지 않았지만, 한동안 빨래를 모으다 보니 트렁크가 가득 찼다.

결혼에 부풀어 행복하게 해주었던 함 가방을 보기가 겁이 났다. 가방만 바라보면 가슴이 답답했다. 친정으로 가방을 가져갈 수도 없고, 지금처럼 세탁소를 편하게 이용할 수 없을뿐더러 새댁이 빨래를 가지고 친정으로 갔다는 사실을 알면 어머님께서 어떻게 생각하실까? 친정엄마의 마음이 얼마나 아플까? 이래저래 고민이 늘어갔다.

어느 일요일, 어머님이 외출하시는 날, 용기 내어 수돗가에 가방에 든 빨랫거리를 쏟아놓았다. 꽁꽁 묶였던 빨래들은 해방된 듯 너울거리며 산더미를 이루었다. 겁에 질려 가방에 다시 쑤셔 넣어야 할지 고민하다, 용기 내어 큰 고무통에 수돗물을 한가득 받고 세제를 푼 다음 그놈들을 용감하게 밀어 넣었다.

한겨울 수돗물은 차갑다 못해 아렸다. 한두 가지를 비비고 나니 눈물이 뚝뚝 떨어졌다. 내 참음의 한계는 거기까지였다. 나는 방으로 들어가 훌쩍거리며 울었다. 남자가 부엌일을 하거나 빨래를 하면 남자의 권위가 떨어진다고 여기던 시절이었다. 남편은 귀한 대접 받는 금쪽같은 장남이었으니 빨래를 함께 하기가 곤

란했을 것이다. 나 역시도 남편이 빨래를 도와준다는 건 감히 생각조차 못 했던 시절이었다.

남편은 빨래가 힘들다고 훌쩍이는 내가 안쓰러웠던지 펌프 물을 고무통에 잔뜩 받아놓고 작은 시누이에게 언니를 좀 도와주라고 했다. 펌프 물은 수돗물보다 훨씬 덜 차가웠다. 중학생이던 시누이의 도움으로 어찌어찌 빨래를 끝냈다. 시누이의 고마움은 지금까지도 잊지 못하여 가끔 그 이야기로 웃음꽃을 피운다.

시누이가 어머님께 빨래 이야기를 했는지, 그 후로 세탁기를 사는 날까지 나는 빨래를 면제받아 트렁크에 모아놓는 일은 없었다. 어머님의 이해와 사랑이 없었다면 나는 빨래 걱정으로 더욱 혹독한 신혼을 보냈을 것이다. 며느리에게 대접을 받으시기는커녕 아들, 며느리, 손자 빨래까지 해주시느라 힘드셨을 어머님에게 늘 감사한 마음을 잊지 않았다.

세탁기를 집에 두고도 빨래가 귀찮아 전화 한 통이면 세탁소에서 달려와 수거에서 배달까지 해주는 세상에 살고 있다. 아마도 요즘 젊은이들에게 빨래가 힘들어 트렁크에 모아두고 전전긍긍했다는 이야기를 들으면 격세지감을 느낄 것이다. 그러나 나에겐 철부지였던 신혼 초의 시집살이가 지금은 되레 그리움으로 남아있다. 가끔 함 가방에 빨래를 모아두던 철부지 새댁을 기억하며 미소 짓는다. 50여 년 전 애물단지였던 신혼 가방은 귀히 여기며 이사할 때마다 함께 데리고 다녔으나 낡고 헤져 편한 곳으로 보내줬다.

어디 여자가 함부로 주방에 들어오려고 해/ 이곳은 나의 영토야/ 어디 여자가 함부로 세탁길 돌리려고 해/ 이것은 나의 도구야/ 빨래는 내가 다 할게

트로트 가수 현진우의 신곡 '나의 영토' 일부이다. 아내를 진심으로 사랑하는 남자의 가정적인 모습을 가사에 담았다고 여겨진다. 아직 남성 우월주의와 권위적인 사고를 가진 이들에게 긍정적으로만 받아들여질까마는 시대가 변하고 시대의 조류에 따른 바람직한 현상이라 여겨진다. 얼마 전까지만 해도 가사, 육아, 직장 일로 1인 3역에 시달리는 여성들의 고통을 당연하다 생각했었다. 살다 보니 내 또래 할머니들이 이런 날이 오리라 상상이나 했으랴. '라떼는 말이야'라는 말로 우리 세대의 아픔을 곱씹으며 세상의 변화를

못마땅하고 부정적인 시선으로 눈살 찌푸릴 게 아니라, 이제 양성평등이 자리 잡아 가는 중이라 당연하게 여겨야 하리라.

아직도 여성들이 사회적인 지위나 보수에서 일부 차별 대우를 받는 부분이 적지 않다고 한다. 그러나 여성들의 진취적이고 활발한 도전 정신으로 머지않아 진정한 양성평등의 날이 오리라 기대한다. 다만 세상에서 가장 아름다운 단어 '어머니의 자애慈愛'만큼은 여성들의 특권이요, 자부심이길 잃지 않았으면 좋겠다.

나도 이제는 빨래에서 자유롭다. 세탁기의 힘을 빌리긴 하지만 우리 집 빨래는 남편 몫이다. 가끔은 설거지와 청소도 해주니, 힘들었지만 잘 견뎌낸 신혼 시절에 대한 보상이요, 선물이라 생각하며 남편의 고마운 마음을 잊지 않고 나도 그를 위해 최선을 다하고 있다.

복잡한 사회생활로 지치고 힘들지만, 행복한 가정을 위해서는 가족 구성원 모두의 배려와 희생이 필요하다. 가족 행사 때마다 고무장갑을 끼고 앞치마를 두른 아들과 며느리가 함께 주방에서 도란도란 요리하는 모습이 보기 좋다. 현진우의 '나의 영토'가 떠올라 미소를 짓는다.
 세탁기 소리가 멈춘다. 빨래가 끝났다고 남편을 부르는 신호음이 고맙다.

총각김치와 기념일

그의 표정이 심각하다. 무언가 하고 싶은 말을 쉽게 꺼내지 못하는 듯 망설이는 모습에 궁금증이 더해졌다. 용기를 낸 그가 말을 꺼냈다. 최근에 가볍고 기능이 다양한 카메라가 나왔는데 고가高價라 망설이고 있다며 말꼬리를 흐렸다.

동상이몽同床異夢이다. 기념일에 나를 위해 근사한 이벤트라도 준비했다는 기분 좋은 말을 기대했는데…. 눈치도 없는 양반, 팽팽히 부풀었던 풍선에서 바람 빠지는 소리가 내 귀에만 들렸다.

갑작스러운 추위로 온몸이 으스스한데 마음에도 냉기가 스며들었다. "날씨도 추운데 다음날 하지." 그의 말에 어깃장을 놓고 고집을 부려 밭에 갈 준비를 하고 나섰다. 그도 말없이 따라나섰다. 사실 날씨가 너무 추워 다음날 할까 생각했었는데, 그의 눈치 없는 말에 오기를 부렸다.

  어설픈 농부가 가꾼 농사치고 제법 잘 키운 총각무는 우리 식구가 먹을 만큼 넉넉했다. 집에서 다듬으면 흙도 떨어지고 버려야 할 것들이 많아 밭 언저리에 자리를 펴고 그가 뽑아주는 총각무를 다듬었다. 온전히 자연 친화로 키운 무는 아기 볼처럼 뽀얗고 고운 몸매의 도회적인 놈들보다, 온몸에 귀찮게 돋는 점과 기미처럼 거뭇거뭇한 투박한 녀석들이 대부분이었다. 점을 빼고 울퉁불퉁한 곳을 긁어내고 다듬으니, 성형수술을 받은 듯 깔끔하고 매끈했다. 세 시간이 지나도록 총각 무를 다듬는 동안 오기를 품었던 내 마음도 조금은 부드러워졌다.

  휴대전화기 시계는 점심때를 지나고 있었다. 그가 기념일 때마다 가던 레스토랑 이름이 생각나지 않는지 물었다. 흙이 잔뜩 묻은 헐렁한 바지, 화장기 없는 민얼굴에 부스스한 머리를 한 내 모습이 레스토랑의 조합은 아니라는 생각에 퉁명스러운 대답으로 거절의 의사를 보냈다. 배고픔에 한계를 느낀 그가 택한 식당은 국밥집이었다. 기념일에 국밥을 먹다니, 내 프로그

램에 없던 내용이다. 남편은 음식을 가리지 않지만, 맛보다 분위기를 선호하는 내게 국밥은 그저 한 끼 때우는 의식처럼 덤덤한 맛이었다.

구부정한 그의 등을 바라보았다. 커다란 고무다라에 산더미 같은 무를 씻느라 수돗물 앞에 구부린 모습이 짠했다. 요즘 팔이 아파 병원을 드나드는 내가 추운 날씨에 총각무를 다듬느라 힘들었을 것으로 생각했는지, 나를 밀어내고 무를 씻었다. 50년을 사는 동안 청소기와 세탁기는 돌려주지만, 김칫거리를 씻어주는 건 처음이었다. 내 가슴에 잔잔한 물결이 예고 없는 파문을 일으켰다.

그가 총각무를 씻는 동안, 나는 파를 다듬고 양념을 준비하며 자아비판을 했다. 무거운 카메라를 두 대씩이나 메고 다니는 그가 안쓰러워 가벼운 것으로 사라고 권한 건 정작 나였다. 옹졸하고 소갈머리 없는 자신에 대한 반성으로 스스로 가둔 침묵에서 빠져나왔다.

푸른 청년처럼 꼿꼿한 무청과 다져진 흙 속에서 몸피를 키운 단단한 무의 기를 죽이기 위해 소금을 뿌렸다. 세 시간 동안 소금기를 견디지 못하고 풀이 죽은 그들을 기다리는 동안 성경 필사를 하면서 까칠한 내

성미도 무처럼 절여져 흐물흐물해졌다. 절여져 겸손해진 총각무는 금세 친해진 양념들과 서로 화합하여 내 보기에 그럴싸해 보였다. 행여 내가 양념 비율을 제대로 맞추지 못했거나, 나처럼 어긋장을 놓는 양념이 심술을 부리지 않는다면 그저 먹을만한 김치로 올겨울 우리 가족의 사랑을 받을 수 있겠지.

  그날은 50주년 결혼기념일이었다. 공식적인 기념일은 아니지만 결혼한 지 50년 되는 해를 금혼이라 하여 금혼식을 하는 부부들이 더러 있다. 새해 벽두부터 올해가 금혼이라고 그가 잊을 만하면 귀띔해 온 지라 나의 기대가 컸다. 기대가 컸기에 실망도 컸다. 사랑의 표현이 서툰 남편이지만 50년을 살며 남편으로서, 가장으로서 크게 실망하게 한 적이 없었다. 반세기를 동고동락하며 절여지고, 버무려져 이제 눈빛만 봐도 무얼 원하는지 아는 그가 나의 심사를 모를 리 없다. 그런데도 온종일 참아준 그가 고마웠다. 내가 고집을 부리지만 않았어도 의미 있는 하루를 보냈을 것이다. 혼자 북치고, 장구 치며 희로애락을 연기한 하루였다.

  멀리 있는 아들이 바빠서 함께하지 못하여 죄송하다며 보낸 장미꽃 바구니와 케이크를 식탁에 올려놓았다. 아무 일 없던 것처럼, 케이크에 촛불을 켜고 '결혼 축하합니다'를 부르며 가슴이 뭉클했다. 50주년을 기념하는 다섯 개의 촛불이 설레었던 회억을 소환했다. 첫눈이 내리던 날, 신부님 앞에서 결혼식을 올리던 행복한 날을…. 그와 나의 자축 노래에 미세한 떨림이 화음처럼 들렸다. 부부가 50주년 결혼기념일을 함께 할 수 있다는 것만도 큰 은총임에 감사함을 깨닫지 못한 기념일이었다.

부부는 수평을 이룰 때 사랑의 균형을 유지한다. 나는 가끔 되로 받고 말로 준다는 착각을 할 때가 많았다. 생각해 보니 그는 나보다 더 무거운 짐을 지고도 무겁다고 불평하지 않았다. 그런 그에게 50년 동안이나 가족을 위해 고생하고 희생하였으니 상을 달라고 시위를 한 건 아니었는지…. 생각할수록 어리석은 행동이었다.

"내일 별일 없다고 했지? 화담숲 예약해 놓았어." 깊은 우물은 속을 잘 드러내지 않는다. 쉽게 바닥을 내보인 나를 바라보는 남편의 얼굴에 부드러운 미소가 번진다. 지금까지 결혼기념일을 무덤덤하게 넘기는 눈치 없는 남편이 아니었다. 내 마음이 흔들렸다. 간사한

마음이 꼬리를 살랑거렸다. '비상금을 헐어서라도 사진기를 선물해야 하나?'

  나는 아직도 풋내 가시지 않은 총각김치처럼 덜 익은 아내다. 침샘을 자극하는 숙성된 맛을 내는 아내가 되기엔 남은 시간이 아쉽다. 일모도원日暮途遠이니 하루를 더 귀히 여기고, 성숙하고 지혜롭게 보내야겠지. 건강이 허락하여 여섯 개의 초를 꽂고 남편과 마주 보며 결혼기념일을 자축할 날을 위해 기도하리라.

눈물

"어머니가 나를 위해 흘린 눈물이 내가 어머니를 위해 흘린 눈물보다 많았지요."

한 세기의 삶을 사신 101세 김형석 박사님의 말씀이 한동안 나를 붙들고 놓아주지 않는다. 어머니를 떠올리는 노老 박사님의 고운 주름 위에 조용히 번지는 그리움이 애잔하다.

내가 알고 있는 박사님은 비극의 역사로 빚어진 어려움을 딛고 꿋꿋하고 반듯한 삶을 살아오신 분이다. 성공한 삶으로 존경받는 박사님의 생애生涯에도 어머니에 대한 감사는 우리와 다를 바 없나 보다.

박사님은 저서《남아있는 시간을 위하여》에서 '인간은 언제나 두 여인, 즉 어머니와 아내의 사랑으로 자라며 살아가는 것이다.'라고 언급하셨다. 자신의 어머니뿐만 아니라 세상의 모든 어머니의 위대함을 말씀하고자 하는 것으로 여겨졌다.

내 어머니는 눈물을 자주 보이지 않는 분이셨다. 속울음을 많이 하셨기 때문이다. 어머니의 눈물을 본 건 내 결혼식장에서였다. 결혼식 전날 어머니는 내게 조용히 이르셨다. '좋은 날이니 우리 눈물 보이지 말자고….' 나는 눈물을 보이지 않으려고 입술을 깨물었다. 그러나 어머니의 입술은 떨렸고 눈망울이 촉촉이 젖어 있었다.

내가 첫 아이를 출산할 때 어머니가 쌓아놓으신 눈물의 둑은 또 한 번 무너졌다. 딸의 결혼식 때 흘린 눈물이 옹달샘이었다면 이번엔 강물이었다. 70년대 초, 조산원의 도움으로 아기를 집에서 낳는 사람이 많았을 때다. 나는 조산원의 실수로 양수가 터진 것을 모르고 출산을 기다리다 초주검이 되어 택시에 실려 병원으로 갔다.

의사는 시간을 조금 더 지체했더라면 위험할 뻔했다며 수술을 서둘렀다. 결국, 의사의 도움으로 작은 수술 끝에 아기를 출산했을 때, 정신을 차리고 보니 어머니가 수술실 침대 머리에서 조용히 울고 계셨다. 볼을 타고 하염없이 눈물을 쏟아내시는 어머니는 그때도 슬픔의 소리를 크게 내지 않으셨다. 그것은 어설픈 감정의 눈물이 아니라 위험에 처한 딸을 보는 고통이며, 사랑이며, 기도였을 것이다. 어머니의 기도와 눈물은 딸과 외손주를 무사히 살려내셨다. 어머니의 모습이 마치 죽음을 앞둔 예수님을 바라보는 성모의 모습처럼 슬퍼 보여 나도 왈칵 눈물을 쏟았다.

어머니의 생애에 눈물 흘릴 일이 오죽 많았겠는가. 어머니는 6, 25 전쟁 때, 채 철이 들지 못한 푸른 20대에 청상과부가 되셨다. 넉넉지 못한 살림에 여린 풀처럼 나약한 아녀자의 몸으로 두 살 난 어린 딸을 혼자 키우시면서 온갖 풍상을 겪으셨디. 딸의 결혼식이 남다르셨을 것이다. 또한, 출산의 고통으로 사경을 헤매는 딸이 행여 잘못될까 봐 애간장을 태우셨으니 무쇠처럼 단단히 쌓은 눈물샘 둑이 슬픔의 무게를 감당하지 못해 무너진 것이리라.

나는 농촌에서 태어났다. 마을에 병원이 없던 시절이었으니 잔병치레로 내가 아플 때마다, 어려운 형편으로 수업료 독촉을 받아 쭈뼛거릴 때마다 어머니는 속울음을 하셨을 것이다. 내가 어려운 여건에서 대학을 졸업하고 교사 발령을 받던 날, 나는 돌아선 어머니의 등에서 가벼운 떨림을 보았다. 어머니는 웬만한 슬픔이나 기쁨은 조용히 삼키며 인내하는 분이셨다.

내가 어머니 때문에 진한 눈물을 흘린 것은 나를 사랑하시던 어머니를 산자락 흙더미에 모셔두고 오던 날이었다. 어머니의 눈물은 오직 딸이 전부였던 희생의 눈물, 고통의 눈물이었지만 내 눈물은 감사의 눈물, 회한의 눈물이었다. 어머니는 당신의 생을 온전히 나를 위해 쓰셨다. 그러나 나에게 어머니는 전부이지 못했다. 입으로만 어머니를 사랑한다고, 감사하다고, 은혜를 갚겠다고 벼르다, 벼르다 어머니를 먼저 가신 아버지에게 보냈다. 나는 눈물을 쏟으며 싸락눈 내리는 2월의 황량한 마른 숲을 향하여 고해성사를 보는 심정으로 어머니를 수없이 불렀다. 어머니가 나를 위해 흘리신 눈물에 비하면 어머니를 위해 흘린 내 눈물은 터무니없이 부족했다.

어머니는 나의 아린芽鱗이었다. 슬픔 속에서 여리게 발아한 내가 행여 잎을 피우고 꽃을 피우지 못한 채 스러질까 발편잠을 모르고 노심초사하며 나를 키우셨다. 땀과 눈물을 쏟고 온몸을 던져 비바람 막아주고,

거름 주며, 햇볕을 쬐어주느라 당신의 온몸이 으스러지고 쓰러지면서도 나를 지켜주셨다. 어머니가 고통의 눈물을 택하지 않고 행복을 찾아 재혼하셨더라면 내 생은 버림치 취급을 당하며 외롭고 힘들었을 것이다. 자기 행복을 포기하고 아린이 되어주신 어머니 덕분에 나는 화려하지도, 탐스럽지도 못한 꽃을 피워 어머니의 눈물을 닦아드렸다.

눈물은 눈물샘을 통하여 나오는 분비물이다. 땀은 체온조절을 해주고 소변은 우리 몸의 노폐물을 배설하는 반면 눈물은 우리의 눈을 촉촉하게 해주어 피로를 덜어주는 역할을 한다. 눈물을 흘리면 기분이 좋아지기도 하고 혈압이 낮아지기도 한다니 눈물은 건강과도 직결된다. 그러나 슬프거나 기쁠 때, 감동하였을 때 흘리는 영적 눈물은 분비물의 의학적 의미를 초월한다.

한 번도 눈물을 흘리지 않는 사람은 없을 게다. 누구나 태어날 땐 울음을 토하며 세상과 마주한다. 눈물은 인간의 감정과 무관하지 않다. 눈물이 많은 사람은 선한 사람이고, 눈물이 없으면 메마르고 인정이 없는 사람이라고 생각한다. 그러나 그 잣대는 절대적이지 않다. 보이는 게 전부는 아니어서 내 어머니처럼 내면으로 눈물을 흘리는 사람도 많을 것이다.

나는 어머니처럼 자식 때문에 눈물을 많이 흘리지 않았다. 직장 생활을 하며 삼 형제를 키우느라 힘이 들 때마다 어머니가 눈물을 닦아주셨고, 남편도 나보다 더 나은 사람이니 눈물을 흘리는 일이 많지 않았다. 어머니께서 슬프고 고통스러웠던 눈물을 나에게 대물림하지 않으시려고 인내와 희생으로 사신 덕분이다.

이제 나도 종심從心을 지나고 보니 눈물이 늘었다. 낯모르는 사람의 장례식장이나 아이들이 우는 모습을 봐도 눈물이 난다. 특히 어머니를 닮은 노인들의 굽은 등을 보거나, 어머니 연세 또래의 옷을 파는 가게를 지나거나, 몸이 불편한 노모의 휠체어를 미는 자손들을 보면 어머니가 그리워 눈물이 난다. 마주 보고 전할 수 없는 어머니에 대한 감사와 은혜를 갚지 못한 회한이 서리서리 똬리를 틀고 있어 아무도 모르게 눈물을 흘릴 때가 많다. 가끔은 나이 듦이 외로워서, 여기저기 몸이 아파서, 그리고 자식들에게 짐이 될까 걱정도 되어서 울컥 눈물이 나기도 한다.

단단해지려고 책을 가까이 두고 가끔 글을 쓴다. 시

간이 날 때면 남편과 동행하여 여행을 즐긴다. 책에서, 자연에서 위로받고 평온을 찾으며 노년을 잊는다. 어머니가 나를 위해 그러하듯 자식들 앞에서 눈물이 새지 않도록 눈물샘의 둑을 단단히 쌓는다.

  내 어머니가 나를 위해 흘리셨을 희생의 눈물이 헛되지 않도록 남은 날들은 기쁨의 눈물을 흘리는 일이 많았으면 좋겠다.

2

소반다듬이

소반다듬이
레일 위에 서 보다
지지대支持臺
별거別居 중
감색 치마저고리
그림의 떡을 맛보다
명의名醫와 명약名藥
종소리
거스름돈과 잔돈
오만伍萬원과 오만午慢

소반다듬이

 구월은 열매달이다. 아직은 여름의 기세에 눌린 가을이 주춤거리지만, 들녘엔 금빛 알곡들이 소리 없이 익어가고, 콩꼬투리에도 콩들이 알알이 속을 채우고 있다.
 유례없던 폭서에 조락凋落하는 나뭇잎을 바라보는 안타까움, 무더위에 제 색깔을 내지 못하여 창백한 과일 때문에 애태우는 과수원 주인, 열상으로 타 죽은 채소들로 치솟은 물가 때문에 추석 명절엔 주부들의 애간장을 태웠다. 그러나 '이 또한 지나가리라'라는 삶의 경험과 지혜로 풍요로운 가을을 기대하며, 일손이 바빠질 농부들의 수고에 감사의 메시지를 전하고 싶다.
 어린 시절, 가을이 되면 집 마당에 쌓아놓은 볏가리를 보기만 해도 배가 불렀고 '와랑 와랑' 탈곡기 소리의 리듬도 신이 났다. 도리깨질로 콩을 터는 어머니의 모습은 신비스럽기까지 했다. 그러나 돌 고름기가 없던 시절이었고, 정미소의 기계 사정이 지금처럼 좋지 않았던 탓에 쌀에는 벼 껍질을 제대로 못 벗은 뉘가 많았고, 마당에서 턴 콩에는 티끌과 작은 돌이 섞여 있어 뉘와 돌을 손으로 골라내야 했다.

 식구들 모두 농사일에 바쁘게 매달리다 보니 뉘와 작은 돌을 골라내는 일은 연세 많은 할머니의 몫이었다. 여든이 넘었던 할머니는 깡마르셨지만, 눈도 밝고, 허리도 꼿꼿하며 잔병치레도 거의 없는 분이어서 집안일을 많이 거들어 주셨다.

 달챙이 숟가락으로 구슬처럼 작은 감자 껍질도 까시고, 둥그런 양은 쟁반에 쌀을 얇게 편 후 뉘를 잘도 골라내셨다. 키로 콩을 까부르신 후 마루에 앉아 미동도 하지 않고 티끌과 잔돌을 고르시던 할머니의 모습이 눈에 선하다.

 소반 위에 쌀이나 콩 따위의 곡식을 한 겹으로 펴놓고 뉘나 모래 따위의 잡것을 고르는 일이나 그렇게 고른 곡식을 '소반다듬이'라고 한다. 일찍 청상과부가 되신 할머니가 맏아들과 손자를 한꺼번에 잃은 슬픔과,

가난한 집안의 가장 역할을 하던 힘든 시절의 한(恨)을 소반다듬이로 풀어내시지 않았는지…. 어쩌면 끼니 걱정으로 애태우던 옛날을 생각하며 하얀 쌀밥을 가족들에게 배불리 먹일 수 있다는 만족감으로 오직 가족의 안위만 생각하셨으리라.

 지난해 텃밭에 검정콩을 심었다. 처음엔 싱싱하게 크더니 잎이 마르고, 달린 콩꼬투리도 부실하였다. 친환경을 고집하여 끝까지 농약과 비료를 쓰지 않고 가을에 수확하니 콩 모양이 찌글찌글하고 제대로 형태도 갖추지 못한 게 많았다. 더구나 콩대를 뽑아서 밭둑에 걸쳐놓았다가 비닐을 깔고 털었더니 지저분하기 짝이 없어서 거실 탁자에 올려놓고 할머니처럼 소반다듬이를 했다.

 소반다듬이는 인내가 필요한 작업이었다. 두어 됫박 되는 콩 중에서 티끌, 왕모래, 잔돌을 고르는데 눈이 가물가물, 어깨도 아프고 허리도 뒤틀려 거의 한 시간을 소비했다. 어릴 적, 소반다듬이를 하시던 할머니의 모습은 평화스럽고 재미있어 보였다. 그저 소일거리가 없던 노인이 소꿉놀이하듯 여유로운 모습이었다. 그러나 소반다듬이를 하면서 할머니의 노고가 더 크게 느껴졌다. 할머니의 수고로 '뉘가 많은 밥을 먹으면 맹장염에 걸릴 수 있다.'라는 근거가 확실하지 않은 어른들의 말씀에 두려웠던 마음에서 해방될 수 있었다. 흰쌀밥에 드문드문 섞인 윤기 나는 검은 콩밥을 맛있게 먹을 수 있었던 게 할머니 덕분이었음에 감사했다. 할머니의 소반다듬이는 조연이 아닌 주전 멤버의 역할로 식구들의 건강에 기여가 컸다.

　소반다듬이를 끝내고 보니 선택받은 것과 버려진 것들이 마치 선과 악의 구별처럼 양분되어 대조를 이루었다. 가치와 무가치를 규정하는 소반다듬이를 통해 과연 나는 어느 쪽의 삶을 살고 있는가에 대해 머뭇거렸다. 나의 삶에서 뉘와 티끌, 완숙되지 못하여 버려야 할 찌그러진 콩 등 많은 것들을 골라내야 할 소반다듬이가 필요함을 되돌아보는 의미 있는 시간이었다.

　곡식에서 불필요한 뉘와 잡티, 잔돌을 가려내듯 우리의 삶에도 소반다듬이가 필요한 경우가 많다. '사불급설駟不及舌', 아무리 빠른 수레도 한 번 지껄인 말을 따라잡을 수 없으니 헛된 말, 흉한 말, 남을 모함하거나 자신에게 화근이 될 말을 삼가라는 것이다. '말로 입힌 상처는 칼로 입힌 상처보다 깊다.'라는 모로코 속

담도 있다. 말로 인해 인간관계가 깨지고 그 상처로 인해 원한 관계로 범죄의 씨앗이 될 수 있고 천 냥 빚을 갚을 수도 있다.

나는 말을 많이 하는 날엔 언제나 후회를 한다. 돌아보면 부화뇌동으로 쓸데없는 말을 많이 하고 우회적인 말보다 직선적인 말로 상대방에게 상처를 준 것 같아 스스로 반성하고 조심할 것을 다짐한다. 필요한 말만 하고, 상대방을 기분 좋게 하며 유익한 말을 사용할 수 있는 수양을 쌓도록 반드시 말의 소반다듬이에 힘써야겠다는….

권오운 소설가는 《우리말 소반다듬이》라는 저서를 발간하였다. 문학작품에 있는 잘못된 문장, 단어를 지적하여 정확한 어법을 쓰지 않은 어휘, 독자에게 부담이 되는 문장이나 단어 바로잡기에 나섰다. 글을 쓰는 사람으로서 더욱 우리말의 중요성을 인식하고 바르게 사용하도록 주의해야겠다.

유네스코에서 세계적 기록 문화유산으로 공인한 우리말과 우리글이 젊은이들 사이에 유행하고 있는 신조어와 약어의 남발로 기성세대와의 소통이 어려운 요즈음, 소반다듬이의 필요성은 더욱 심각한 것 같다.

행여 우리말이 변질할까 심히 우려도 된다.

　우리는 말과 글 이외에도 사회 전반에 만연되는 부도덕과 무질서, 부정행위와 아전인수 등 소반다듬이가 필요한 현대에 살고 있다. 자기중심적 사고에서 벗어나 함께 행복한 사회가 되도록 반성과 지혜를 모아야겠다.

레일 위에 서 보다

 꼿꼿하던 다리에 힘이 풀린다. 몇 바퀴를 돌아도 흔적조차 찾을 수 없다. 사립문을 열면 종알종알 흐르던 도랑물은 두꺼운 콘크리트에 갇혀 속으로 흐르는지 모습을 보여주지 않는다. 알몸으로 뒹굴던 호박넝쿨 돌담도, 해지는 줄 모르고 친구들과 고무줄을 하던 뒷집 마당도, 옹기종기 쪼그리고 앉아 소곤거리던 양지바른 고샅길도 모두 사라졌다. 바람 빠진 풍선처럼 허탈한 마음에 걸음을 멈춘다.

 가족과 친척들이 다 떠난 고향을 찾아 나섰다. 그리움 하나 건져낼 것 같아 찾은 고향이다. 세상을 향한 걸음마를 배우고, 말문이 열렸으며, 알록달록 고운 꿈이 자란 곳이다. 가족의 얼굴을 익히고 사랑을 키웠으며 소중함도 배웠다.

행여 사람들을 만나면 흔적이라도 찾을까 두리번거리지만 산에서 물고기를 찾는 것만큼 사람 구경이 어렵다. 대문을 활짝 열어놓고 누구나 수시로 드나들던 옛날의 시골집이 아니다. 빗장을 꽁꽁 걸어놓고 네 것과 내 것의 경계로 분명한 선을 그었다.

용기 내어 먼 친척이 살던 집을 어림잡아 대문을 두드렸다. 인기척에 머리 하얀 할머니가 구부정한 허리를 두드리며 문을 열어 주셨다. 어머니의 택호를 대며 이웃에 살던 아무개라고 말씀드리니 생각난 듯 내 손을 잡으신다. 바람결에 내 얘기를 흘러 들으셨단다. 잠시 고향의 때가 정겨운 대청마루에 앉았다. 약간 귀가 어두우셨지만 내 얘기에 고개를 끄덕이셨다. 아흔 살이 되셨단다. 내 나이 일흔셋이라니 깜짝 놀라신다. 늘어가는 자신의 나이는 셈이 쉽지만, 타인의 나이는 정지되어 옛날에 머물러 있다.

평산 신씨 집성촌이였던 마을은 이제 타곳에서 이사 온 사람들로 채워져 한마을에 살면서도 인사 없이 지내는 사람이 많단다. 기억을 되살리며 할머니와 이야기를 나누는 동안 옛날로 돌아갈 수 있어 그나마 그리움 하나를 건졌다. 더듬더듬 할머니의 말씀을 안내도로 그리며 살던 집을 찾았으나 옛집은 흔적도 없이 아담한 양옥이 들어섰다. 순간, 자판을 잘 못 두드려 완성된 그림이 지워져 백지 화면을 보는 듯 허무했다.

야트막한 대문 너머 시멘트 마당에 그리운 옛집을 떠올리며 머릿속에 그려보았다. 가난했지만 행복했던 추억을 가슴에 품었던 곳이다. 엎드려 일기를 쓰던 쪽마루, 한여름 멍석을 깔고 누워 별을 헤던 마당, 우리 집의 큰 일꾼이었던 눈이 큰 황소가 살던 외양간, 어머니의 고단함이 잔뜩 배인 아궁이 달린 부엌도 모두 사라졌다.

그리웠다. 코끝이 찡했다. 추억은 시간이 아니라 장소를 소환한다. 사라진 그 장소의 삶이 그리워 우두망찰 서 있었다. 각을 맞춘 상자 모양의 집이 낯설었다. 눈물이 날 것 같았지만 참고 돌아서며 새 둥지를 튼 집주인들이 행복하기를 빌었다.

기웃기웃 발자국을 남기며 행여 고향의 흔적을 찾았지만 역시 낯선 모습들만이 앞장을 섰다. 알사탕을 사 먹으며 드나들던 가게엔 식당이 들어서고, 미루나무 한길 가 친척 집은 어설픈 화장을 한 다방으로 변했다. 어머니들의 답답한 숨통을 틔워주던 공동 우물엔

농기구 수리점이 들어앉아 옛날 시골이 아님을 증명이라도 하는 듯 날을 세우고 있었다. 6년 동안 해맑았던 친구들과 함께 추억을 쌓은 초등학교는 폐교가 되어 휑뎅그렁한 기운이 돌았다. 아기 울음소리가 끊긴 지 오래니 학교의 존재가 필요 없어진 것이리라.

학교 옆을 지나던 기찻길은 여전히 기차를 실어 나르느라 고단한지 누워있었다. 기차 레일은 나에게 특별한 의미로 기억된다. 8년이나 나를 실어 나르던 기차가 무사히 잘 달릴 수 있던 것은 육중한 기차의 무게에도 꿋꿋했던 평행선으로 길게 늘어선 레일 덕분이었다.

레일은 개구쟁이 사내들의 놀이터이기도 했다. 기차가 지나가면 기차의 여운을 느끼려고 귀를 레일 위에 바짝 대고 신기한 웃음을 짓던 개구쟁이 친구들이 있었다. 찰흙을 손에 굴려 동그래진 구슬을 레일 위에 굴리면 신기하게도 회색빛 구슬이 되는 요술을 부리기도 했다. 여자아이들은 잠자리 날개처럼 양팔을 벌리고 사뿐히 레일 위에 올라서서 누가 더 멀리 걸을 수 있는지 내기를 했다. 지금 생각하면 그곳은 위험지대였다. 그러나 그 시절엔 기차 운행이 하루 몇 차례에 지나지 않아 가끔 놀이터의 역할을 했던 곳이다.

기차가 다니지 않는 시각을 확인하고 나는 그 옛날처럼 레일 위에 올라섰다. 올라서자마자 몸은 균형을 잡지 못하고 뒤뚱거리다가 한 발을 떨어뜨렸다. 세월은 고향의 흔적을 없애듯 이제 내 몸의 균형도 무너뜨렸다. 고향을 잃은 슬픈 마음이 심하게 비틀거렸다.

몸을 추스르고 달려온 삶의 레일을 돌아본다. 까르르 웃던 친구들의 웃음이 레일 위에서 맴돈다. 귀를 대고 신기해하던 개구쟁이 사내들의 모습도 눈에 선하다. 친구들은 어디에서 어떻게 지내고 있을까? 눈시울이 뜨겁다.

해가 고단한 하루를 내려놓을 무렵이다. 마지막 빛살이 곱다. 해 긴 여름, 어머니가 보글보글 된장찌개 끓여놓고 나를 기다리시던 집으로 돌아갈 때 본 하늘이다. 고향이 다 변했어도 추억이 깃든 기차 레일과 하늘만은 그대로이다.

세월의 흐름으로 고향 집이 사라졌고, 나 또한 옛날의 내가 아니니 고향의 변화는 당연한 것이 아니겠는가? 수몰되어 완전히 고향을 잃은 사람들에 비하면 고향을 지켜주는 하늘이 있고, 추억이 깃든 기차 레일 위에서 그리운 사람들을 떠올린 것만으로도 다행이라며 마음을 달랬다.

　돌아서는 발길이 무겁다. 귓전에 레일 위를 달리는 기적 소리가 아련하다. 점점 몸도, 기억도, 고향의 모습처럼 사라지고 있으니 비틀거리면서라도 다시 레일 위에 올라설 수 있는 날이 또 있을까.

지지대支持臺

 남편의 발걸음이 가벼워 보인다. 마지못해 따라나선 나는 마음이 편치 않다. 육거리 모종 파는 가게에 들어선 그는 익숙한 듯 주인과 파종 이야기를 나누었다.
 매장에는 출하 시기에 맞춰 진열된 모종용 채소가 옹기종기 모여 새 주인을 기다리고 있었다. 파르스름하고 야들야들한 그들을 보자 내 마음도 조금 밝아졌다. 지난해 농사를 지어보니 너무 힘들어 올봄에도 농사지을 꿈에 부푼 남편을 다시는 따라나서지 않겠다던 마음이 스르르 무너져 내렸다.
 산모는 첫 아이를 낳을 때 진통을 겪으면서 다시는 아이를 낳지 않겠다고 다짐을 한다. 하지만 아이가 통통하게 살이 오르고 재롱을 부릴 즈음이면 눈 녹듯 슬그머니 산고를 잊고, 둘째를 출산하며 다시 산통을 겪는다. 나의 마음도 그랬다.

  남편은 밭에 만물상이라도 차릴 듯, 주섬주섬 여러 종류의 모종용 채소와 씨앗을 샀다. 농사지을 생각에 걱정이 되었지만, 너무도 표정이 밝은 남편이기에 그저 지켜볼 수밖에 없었다. 새 주인을 만난 각종 씨앗, 상추, 고추, 가지, 토마토, 고구마, 모종들은 우리 부부를 따라 나지막한 산으로 둘러싸인 무공해의 밭이랑으로 이주를 했다.

  '곡식은 농부의 발걸음을 들으며 자란다.'라는 말은 농사를 지어본 사람은 실감한다. 씨 뿌린 자리에서 뾰족뾰족 잎이 나고, 새소리 끊이지 않는 숲속에서 바람과 벗 삼으며 자란 채소들이 하루가 다르게 잘 자라자, 밭에서 보내는 게 유일한 낙이 되었다. 땀 흘리며 정성으로 가꾼 유기농 채소와 열매를 먹는 기분은 그 어떤 흐뭇함에 비할 바가 아니다.

  농사는 하늘의 도움 없이는 불가능하다. 가뭄이 계속되자 한동안 잘 자라던 채소들이 목마르다고 보채었다. 매일 물을 주고, 애정을 쏟는 채소보다 더 신나게 자라는 풀을 뽑기 힘들었다. 은근히 남편에 대한 원망이 슬슬 고개를 들 즈음, 가뭄을 잘 이겨낸 고추가 조롱조롱 달리고 길쭉길쭉한 오이가 매달리고, 방울토마토가 발그레 익어갔다.

첫 오이를 따던 날, 남편은 나에게 "당신이 땀 흘리며 맺은 것이니 손수 따"라고 했다. 시장에 지천으로 널려 돈만 주면 쉽게 사는 오이가 아니었다. 남편도, 나도 쥐어짤 정도로 옷이 땀에 젖으며 정성 들여 수확을 앞두고 있었다. 가뭄을 견디고 잘 커 준 데 대한 감사함에 오이를 따는 내 손에 잔잔한 전류가 일었다. 첫 수확을 내 공으로 인정하는 남편이 고마웠다. 자신의 땀과 노력을 내세우지 않고 나에게 양보하는 그 마음이 나를 찡하게 했다.

거침없이 뻗어나간 애플수박 줄기에서는 작고 귀여운 노란 꽃등이 켜졌다. 꽃이 떨어지고 며칠 후엔 주먹만 한 수박이 내 눈을 반짝이게 했다. 자연의 섭리에 감탄하며 매일매일 수박을 들여다보았다. 드디어 아기 머리통만 한 수박이 잘 익었다고 생각되어 이번엔 남편에게 수확의 기쁨을 안겨주며 나 역시 남편에게 수고 많았다는 감사의 말을 건넸다.

새벽부터 온몸에 이슬을 적시며 일하다 보면 숨이 차오르고, 옷이 흠뻑 젖고 눈을 뜨기 힘들 정도로 땀이 쏟아진다. 그럴 때면 남편에게 다시는 농사 짓지 말자며 짜증을 부렸다. 그러나 한 뼘도 안 되던 옥수수가 내 키를 넘고, 이랑을 메울 정도로 씩씩하게 자라는 고구마 줄기를 보면 허리의 통증도, 힘겨움도 잊는다.

여름이 되자, 가지, 오이, 토마토, 고추가 실하게 가지를 뻗었다. 잎이 무성해지자 힘에 버거운지 중심을 잃고 주저앉으려 했다. 이쯤 되면 지지대를 세우고 줄을 매주어서 휘거나, 꺾이거나, 넘어지지 않도록 받쳐주어야 한다. 남편은 지지대를 세우고 세 차례에 걸쳐 삼단으로 줄을 매어 줄기가 쓰러지지 않도록 해줬다. 지지대를 버팀목으로 끄떡없이 자란 가지, 오이, 고추에 드디어 꽃이 피고 조롱조롱 열매들이 풍성하게 매달리자, 내 마음에도 보람의 열매들이 달리기 시작했다.

40년을 교직에 봉직하고 정년 퇴임을 한 남편은 농사 경험이 전무한 선비이다. 그런 남편은 인터넷으로 농사법을 배우고 연구하여 농사를 짓고 있다. 매사에 끈기 있고, 모험심이 강하고 집념이 강한 노력파이다. 요행이나 우연을 바라지 않고 주어진 일에 최선을 다하는 성실한 사람이다.

지지대가 필요한 채소들처럼 남편은 내 인생의 지

지대였다. 외롭게 자라 마음도, 몸도 약한 나는 작은 바람에도 흔들리고 쉽게 상처를 받는다. 엄살이 심하고 겁도 많다. 소심하고 다부지지도 못해 눈물도 많다. 이런 나약한 나를 위해 남편은 50년을 함께 사는 동안 남편이요, 아버지로 든든한 지지대가 되어주었다.

  남편이 곁에 있어 어려움이 닥쳐도 큰 걱정 없이 살았다. 어려운 일이 있을 때마다 서두르지 않고 나를 안심시키고 해결한다. 의지가 약하고 참을성이 부족한 나를 이나마 강하게 만든 조련사이다. 내가 가정을 별 탈 없이 꾸려왔고, 힘든 종갓집 맏며느리 역할을 잘할 수 있도록 사랑으로 달래주고, 믿어준 남편이 미덥고 든든하다.

  감히 내 인생에 지지대가 되어준 남편에게 견줄 수 없지만, 나 또한 미약하나마 남편에게 힘을 보탤 수 있는 사랑의 지지대가 되려고 노력했다. 남은 날들, 늘 남편 곁에서 함께 하고, 힘들 때 서로 기대며 살다가 생의 끝자락에 해로동혈偕老同穴하는 부부이고 싶다.

  42년을 교단에서 보낸 내가, 오늘도 내 인생의 지지대인 남편을 따라 뙤약볕이 내리쬐는 고추밭으로 들어서는 용기를 낸다.

별거別居 중

 합의된 별거가 아니었다. 나의 일방적인 선 긋기였기에 그들이 받아들이기 힘들었을 것이다. 그들이 미워서도 아니고, 사랑이 식어서도 아니다. 더 이상 그들과 사랑을 나눌 힘이 썰물처럼 빠져나가고, 감당하기에 벅차기 때문이다.

 몸은 비실거려도 그들을 사랑하는 마음만은 불꽃처럼 타오른다. 그럴 때면 서재를 기웃거리며 물기 없이 뻣뻣해진 바짝 마른 몸과 외로움에 지쳐 까만 낯빛으로 누워있는 그의 모습이 안쓰러워 착잡한 마음으로 돌아선다. 아직도 그들은 나의 관심과 사랑을 기다리며 다소곳이 탁자 위에서, 서랍 안에서 은근한 눈빛을 보내고 있다.

 그들과 인연을 맺은 건 사십여 년 전, 의욕이 샘솟고

마음이 갈맷빛이었던 서른 중반이었다. 일주일에 서너 번, 그들과 벗하는 동안 몸은 고달팠지만, 머리가 맑아지고 의욕이 샘솟는 행복한 시간이었다. 아이 둘을 키우며 직장생활로 고단한 삶의 스트레스를 말끔히 헹구어내는 비타민이었다.

어떤 마음에서 서실書室로 발걸음했는지 기억나지 않는다. 퇴근 후 학교 정문 앞 문화원의 서실에 들러 그들과 인연을 맺었다. 반질반질한 하얀 화선지 위에 먹물을 먹은 까만 글씨가 반듯하게 줄을 서서 나에게 손짓했다. 글씨와 친해지고 싶은 마음에 슬그머니 미소로 답을 보냈다.

사각사각 벼루와 먹이 만나서 내는 소리는 신비스러웠다. 제 몸 부서지는 아픔을 참으면서도 몸을 내준 벼루의 배려는 붓을 든 사람이 배워야 할 덕목이었다. 내 몸 아끼기를 신앙처럼 여기는 요즘 사람들에게 자신을 내어주는 일은 그리 흔하지 않다.

적당한 농도로 먹을 가는 것은 초보자에게 쉽지 않은 일이다. 먹을 갈 때면 마음이 선해지고 느림의 미학도 배우게 된다. 먹의 농도가 조금만 진해도 붓이 나가지 않고, 묽어지면 화선지는 친화력을 발휘 못 하고 서체를 흔들어 놓는다. 매사에 서두르던 나에게 침착함을 가르쳐 주었다.

글씨를 잘 쓰려면 붓을 잘 다룰 줄 알아야 한다. 붓 끝이 어떻게 종이에 닿는가에 따라 글씨 모양이 달라진다. 팔에 조금만 힘이 들어가거나 머뭇거려도 글씨가 균형을 잃고 비틀거린다. 삶에도 이처럼 조절과 균형이 필요한 게 아닐까.

붓글씨는 자세가 중요하다. 대부분 바른 자세로 앉아서 쓰지만, 때로는 서서 쓰기도 하고, 무릎을 꿇고 엎드려서 온몸으로 써야 할 때도 있다. 장시간 글씨를 쓰다 보면 온몸에 땀이 나고 손목, 허리, 다리 안 아픈 곳이 없다. 그러나 나름대로 작품이 마음에 들면 아픔보다는 행복이 훨씬 크다.

정신 수양을 하듯 벼루, 먹, 붓, 화선지를 잘 다룰 줄 알고, 나름의 서체가 나올 때까지 그들의 성격을 알고 비위를 맞추며 친해 지내는 데 수년이 걸렸다. 그들과 사랑으로 이룬 작품들은 너무도 소중하여 내 이름을 그의 몸에 새겨 낙관을 찍고 곱게 접어서 신문에 정성껏 쌓아 서랍에 보관해 두고 있다.

지금은 눈 깜작할 사이에 컴퓨터를 이용해서 쓴 글

씨들이 프린트로 출력되어 붓으로 쓴 것보다 더 세련된 작품들이 나온다. 좋은 세상에 살고 있어 편하고 좋으나 어찌 정성 들여 붓으로 쓴 글씨와 비교 할 수 있을까.

　나는 교직에 있는 동안 붓을 들어 수많은 상장과 졸업장을 썼고, 기도문과 성경 구절을 써서 정성껏 표구하여 성당 벽에 걸고, 친척 집 이사 선물도 하였다. 명절 때마다 성경 구절을 써서 만든 열두 폭 병풍을 펼쳐 놓고 제사를 올릴 때마다 흐뭇하여 홀로 미소를 짓는다.

　그들과 함께하는 시간은 너무도 행복했다. 함께 있으면 힘든 것도, 지루함도, 배고픔까지도 느끼지 못했다. 그들과 쌓은 흔적을 볼 때마다, 온전히 몸과 마음을 집중하느라 온갖 시름을 잊고, 글씨를 쓰던 옛날이 그립다. 그토록 열정을 바쳤던 나는 이제 다시 먹을 갈고 붓을 들 용기가 없다. 아직도 내가 그들을 사랑하는 마음만은 예전과 다르지 않다. 비록 지금은 가까이에서 그들을 바라볼 뿐, 밉거나 싫어서 내친 것이 아니니, 아마 그들도 잠시 별거 중이라 생각하며 자신들을 다시 사랑해 줄 거라는 미련을 버리지 않았으리라. 그래서 더 그들에게 미안하고 안타깝다.

별거는 이혼과 달리 재결합의 여지를 남긴다. 부부가 혼인 관계는 유지한 채, 남편과 아내로서의 의무와 책임에서 벗어나 각자의 여생을 자유롭게 사는 것을 뜻한다. 이혼이 최선의 선택이 아니기에 별거를 선택하는 부부가 늘고 있다. 사랑했던 사람과 연을 끊는 일이 가슴 아프듯, 그들을 사랑하면서도 바라만 보아야 하는 내 마음도 안타깝다. 붓을 놓은 지 10년이 넘었다. 이젠 수저를 들 땐 가끔 손 떨림이 감지되어 감히 붓을 잡는 일은 포기 상태다. 나와 그들과의 별거는 영원히 끝없는 평행선처럼 재결합이 어려울 것 같아 마음이 아프다.

오늘도 문방사우文房四友가 긴 목을 빼고 나를 원망하는 서재를 기웃거리다 아쉬움을 안고 발길을 돌린다.

감색 치마저고리

 청신한 유월의 사려니 숲길이 아른거린다. 남편도 잠이 안 오는지 뒤척인다. 불을 켜고 꼼꼼하게 작성한 제주도 여행 지도를 들여다보며 함께 설렌다. 아들 삼형제와 세 며느리가 어미의 일흔 번째 생일을 맞아 특별히 준비한 여행이다. 제주도 여행을 할 때마다 멀리서 바라만 보았던 L 호텔과 고급 렌터카를 예약해 놓고 용돈까지 두둑하게 받았으니 설렐 수밖에…. 여행을 좋아하는 남편 덕분에 국내는 물론 해외여행을 많이 다녔다. 여행을 떠날 때마다 설레지만 제주 여행엔 즐거움과 함께 아픈 추억도 따라다닌다.
 나는 중학교에서 대학까지 수학여행을 한 번도 가지 못했다. 집안 형편이 넉넉지 않은 탓도 있었지만 나 스스로 수학여행을 가지 않았다. 떼를 썼으면 보내주셨을지도 모르지만 넉넉지 못한 살림에 힘드신 어머니를 생각하는 마음에서였다. 여행의 설렘으로 들떠 있던 친구들이 부럽기도 했지만 내 것이 아니려니 외면했다. 어려서부터 철이 좀 들었나 보다.

대학 때에는 제주 여행을 위해 등록금으로 예치되었던 여행비를 환불받아 어머니의 치마저고리를 해드렸다. 친구네 포목점에서 감색 천을 떠다 바느질집에 맡겨 한복을 지었다. 어머니께 입혀 드리던 날 어머니는 눈물을 글썽였다. 아마도 평생 입어보지 못하셨던 구김 안 가는 고급 한복을 입으시는 기쁨보다는 수학여행을 가지 않고 자기의 옷을 해드린 딸에 대한 미안함과 고마움의 눈물이었을 게다.

나는 한복을 입으신 어머니의 고운 자태를 보며 수학여행의 즐거움보다 몇 배나 더 큰 기쁨을 맛보며 뿌듯했다. 긴 머리를 가지런히 올리시고 좁은 어깨와 아담한 키에 잘 어울리는 한복을 입으신 어머니의 자태는 너무도 고왔다.

어머니는 감색 치마저고리를 입으실 때마다 친구분들에게 자랑하셨다. 내 결혼식에도 새 한복을 맞춰 입으시지 않고 그 한복을 입으셨다. 내 제주 여행과 맞바

꾼 어머니의 한복은 아끼시느라 외출 시에만 입으시고 돌아가시기 전까지 옷장에 고이 간직하셨다. 제주 여행을 갈 때마다 함께 떠오르는 어머니에 대한 아픈 기억이다.

한겻이 지난 제주공항엔 비꽃이 떨어지고 있었다. 익숙하게 운전하는 남편 곁에서 나는 행복에 젖는다. 그리고 사랑하는 자식들이 보내준 여행의 뿌듯함에 빠진다. 믿음직한 가이드를 따라 사려니 숲으로, 절물 휴양지로, 안덕 계곡으로 함께 손잡고 제주의 유명한 볼거리를 즐겼다. 편안한 잠자리, 맛있는 음식, 사진작가인 남편 덕분에 신혼여행 온 부부처럼 멋진 사진도 마음껏 찍었다.

카멜리아힐의 수국 축제장이다. 수국은 꽃송이가 소담스러워 포근한 아름다움을 안겨준다. 색깔에 따라 꽃말도 다양하다. 보라색 수국 앞에서 나는 잠시 걸음을 멈추었다. 휠체어에 앉은 꽃무늬 모자를 쓴 노인과 딸처럼 보이는 중년 여인이 꽃에 묻혀 대화하는 모습이 행복해 보였다. 보라색 수국의 꽃말은 진심이다. 딸과 어머니, 모녀의 다정한 모습이 수국보다 아름답다. 서로를 위하는 진심이 묻어나는 그들이 부러워 멍하니 바라보았다. 어머니 살아계실 때 자주 모시고 다니지 못한 마음에 가슴이 먹먹해진다. 직장생활로 바빠서, 퇴직 후에는 어머니가 병원에 계신다는 이유로 함께 여행하지 못했다.

어머니에게 제주 여행을 보내드린 건 결혼 후였다. 시어머님과 어머니는 동갑이시다. 시어머니께서는 혼자 계시는 어머니를 많이 생각해주셨다. 그래서 시어머니 친구분들과 여행 하실 때마다 두 어머니를 항상 함께 보내드렸다. 행여 의견이 맞지 않아 불편한 일이 생길까 염려했지만, 두 분은 사이좋게 잘 다녀오셨다. 차멀미를 하시는 엄마를 잘 챙겨드리신 시어머님이 너무도 감사했다.

제주에 취해 행복하기만 했던 마음이 무너진다. 가족과 함께 조촐하게 치른 내 칠순 기념식장에서 "어머니는 아들을 셋이나 낳아 훌륭하게 기르셨으니, 훈장을 받으셔도 돼요."라던 며느리의 말이 귓전을 맴돈다. 정년 퇴임 때 받았던 '황조근정훈장'과는 의미가 다른 훈장이라는 걸 알면서도 며느리의 칭찬이 싫지는 않았다.

나는 세 녀석을 낳기만 했지, 그 녀석들을 정성껏 키

우선 건 어머니다. 동네 어른들에게 아들도 아닌 딸을 대학까지 보내느라 고생하느냐고 비웃음을 당하면서도 나를 위해 고초만상苦楚萬狀을 겪으신 어머니는 손자 셋까지 키우시느라 평생 고생하셨다. 요즘처럼 아이 키우기 힘들 때 개구쟁이 손주를 셋이나 키워내셨으니 진정 훈장을 받으셔도 남을 분이다. 그런 어머니에게 훈장은커녕 감사하다는 인사도 제대로 드린 적이 없으니 나는 자식으로서 영점이다.

나는 어머니의 전부였다. 그런데 어머니가 그토록 애지중지하며 키운 손자들에게 대접을 받고 사는 나는 너무도 염치없는 자식이다. 퇴직 후에 손자 손녀를 키우며 어머니가 얼마나 힘이 드셨는지를 알았다.

칠순 잔칫날 손자 손녀는 나에게 손수 작성한 상장을 주었다. 물론 제 어미가 코치를 했을지도 모르지만 '할머니, 예쁘게 키워주셔서 감사합니다. 오래오래 건강하게 사세요.'라는 내용의 상장을 읽을 때 나는 가슴이 찡했다. 나도 어머니 살아계실 때 그런 이벤트라도 해서 기쁘게 해드리지 못한 후회와 반성의 아픈 순간이었다.

휠체어를 미는 여자가 부럽다. 어머니가 살아계셨

으면…. 만날 수 없는 그리운 어머니, 흐드러진 화려한 보라색 수국 밑에 소곳소곳 고개 숙인 풀꽃 하나가 어머니처럼 숨어있다. 어머니는 자신을 드러내지 않는 숨은 꽃으로 조용히 살다 가신 분이다.

바슬거리던 해변 모래밭에 잔잔한 파도가 촉촉이 스며든다. 수평선 위로 아름다운 잔광殘光에 감색 치마 저고리를 입은 자애로운 어머니 모습이 아른거린다. 발걸음을 멈추었던 제주의 푸른 바다에 어머니의 조용한 미소를 남기고 나는 제주를 떠났다.

그림의 떡을 맛보다

 창을 열었다. 사방이 푸른 초원이다. 세계에서 공기가 제일 깨끗한 나라, 개울물을 먹어도 탈이 없는 무공해의 나라, 아이슬란드의 아침을 맞았다. 수돗물 한 컵을 쭈욱 마셨다. 머리도 마음도 산뜻하다. 들숨과 날숨을 반복하며 눈을 지그시 감으니, 여행의 설렘으로 콧노래가 절로 나왔다.

 꿈만 같았다. 여행 첫날, 아이슬란드의 케플라비크 공항에 새벽 1시에 도착하여 동화 속 집처럼 예쁜 숙소에서 단 몇 시간밖에 머무르지 못해 안타까웠다. 아이슬란드 8박 9일 여행하는 동안 8곳의 숙소를 이용할 만큼 한 장소에 머무르지 못하고 이동하느라 쉴 틈 없이 빡빡한 일정이었다.

 남한의 면적과 비슷한 나라에 36만여 명의 인구가

살고 있다니 믿어지지 않았다. 그러나 13만 명이 모여 사는 수도 레이캬비크를 제외하고는 차로 서너 시간을 달려도 두럭을 이룬 마을은커녕 집 한 채 보기 어려웠다. 세계에서 인구밀도가 가장 낮은 나라 아이슬란드가 부러웠다.

여행 내내 끝없이 이어지는 아름다운 자연경관에 흠뻑 취했다. 끝없이 펼쳐진 초원에 2차선으로 길게 이어진 도로를 달리다, 창밖 경치에 취해 차를 세우고 초원을 거닐며, 멋진 풍경을 사진기에 담기도 했다. 스쳐 지나가는 대자연의 경관만 보아도 저절로 감탄사가 나왔다. 점점 하늘 높이 솟아오르는 아파트와 휘황찬란한 도시의 소음, 북적이는 인파, 자동차의 물결은 흔적 없이 내 안에서 사라졌다. 오직 작은 풀들과 키 작은 나무들이 바람에 몸을 흔드는 푸른 초원의 정적 속에서 침묵으로 그들과의 대화를 이어갔다. 자연 앞에 겸손해지고 속진俗塵을 털어내려 가끔 깊은 숨을 토해냈다.

높은 산은 거의 눈에 보이지 않고 화산이 분출하며 굳어진 신비스러운 형상의 기암괴석이 병풍처럼 구릉을 이루고 있다. 바위를 깎아 세운 듯한 구릉의 모습은 신이 빚은 걸작이었다. 나는 원 없이 조각품을 감상하며 흐뭇한 미소를 지었다.

우리는 지금 과학이 발달하여 인공위성을 쏘아 올리고 달나라를 탐사하는 시대에 살고 있다. 그러나 감히 신을 능가할 수는 없는 인간의 한계를 생각하며 교만과 겸손한 자세로 살아야겠다고 다짐했다.

아이슬란드의 싱벨리르, 게이시르, 굴포스는 골드써클이라 하여 꼭 가봐야 할 여행지이다. 싱벨리르 국립공원은 아이슬란드의 역사적 장소이며 유네스코 세계문화유산으로 지정된 곳이다. 이곳은 처음으로 아이슬란드에 상륙한 사람들이 야외 의회인 알싱Athing이 개최된 곳이다.

입구에서부터 탄성을 자아낸다. 병풍을 두른 듯 화산의 흔적인 현무암이 협곡을 이루고 있어 마치 과거로 회귀한 듯 신비스럽다. 이토록 아름다운 싱벨리르는 지각변동으로 유라시아판과 북아메리카판의 경계에 있어 두 층이 충돌하며 솟아올라 만들어졌다 한다. 두 층은 1년에 2㎝씩 벌어진다니 태고의 숨결이 그대로 느껴지는 듯했다. 인간으로서 정확히 예측할 수 없는 위대한 자연의 섭리에 다시 한번 나는 작아졌다.

국기가 휘날리는 전망대에서 바라보는 넓은 초원과 습지에는 옹기종기 모인 양들이 풀을 뜯고, 파란 하늘을 담은 강물이 소곤거리며 평화롭게 흐르고 있었다. 낮은 키의 풀들이 찬바람을 이기며 겨울맞이 준비를 하고 작은 보랏빛 꽃들은 자연으로 돌아갈 준비를 하는 듯 나풀거렸다. 하얀 십자가를 머리에 인 작은 교회는 파란 풀밭에 수를 놓은 듯 아름다워 상상 속의 에덴동산을 연상케 했다. 햇살마저 포근하여 하늘을 향해 맘껏 손을 저으며 아이슬란드의 매력에 푹 빠져 시간을 멈추고 싶었다.

게이시르는 간헐천이다. 부근 주차장까지 유황 냄새가 심하고 멀리서도 바람에 날리는 연기가 선명하여 살아 움직이는 모습이다. 바람이 세다. 모자를 눌러쓰고 털장갑을 끼고 추위에 맞서며 사람들이 모인 곳으로 갔다. 뽀글뽀글 푸른색의 물이 끓고 있다. 가끔 고열을 견디지 못한 간헐천은 물대포를 쏘아 올렸다. 신기하여 탄성을 올리는 사람, 재빠르게 순간을 포착하여 사진기 셔터를 누르는 사람, 모두를 흥분의 도가니로 몰아넣었다.

인공분수가 아니다. 지각변동에 의한 자연의 신비

다. 인류의 역사 속에 자연의 모습을 바꿔놓는 지각변동과 지진, 태풍, 폭우, 폭설은 인간들에게 경종을 울리는 신호인 듯했다. '자연을 두려워하고, 자연 앞에 겸손 하라고…' 자연의 위대함에 고개를 숙였다.

아이슬란드에는 굴포스를 비롯하여 셀랴란즈포스, 스코가포스 등 상상을 초월한 신기하고 아름다운 포스(폭포)가 많다. 굉음을 내며 낙하하는 굴포스의 모습을 보며 나는 두려움과 놀람, 환희와 신비, 모든 감정을 총동원해도 표현할 수 있는 적당한 말이 떠오르지 않았다. 근원은 어디일까? 숨을 헐떡이며 쉴 틈 없이 흐르다 부딪고 놀라 멍든 상처를 안고 낙하하는 순간 폭포는 누런 상처를 안고 신음하는 듯 보였다. 세계 10대 폭포 중 하나인 굴포스는 지구 밖 세상을 보는 듯 벅찬 감동을 주었다. 인간의 힘으로 도저히 만들어 낼 수 없는 폭포의 괴력에 자연의 위대함을 실감했다.

어쩌다 낙오되어 내 우비에 떨어진 작은 물방울조차도 신비스러워 젖은 우비를 살그머니 만져보았다. 물방울은 비록 먼바다까지 완주하지 못했지만 언젠가는 다시 기화氣化하고 응결凝結하여 바다를 향한 꿈을 꾸리라.

스코가포스는 수직 폭포로 하얗게 부서지는 포말이 환상적이다. 구릉의 바위에 붙은 이끼와 자잘한 풀들 위에 선명한 색으로 뜬 무지개 모습은 천상의 화원이었다. 그처럼 아름다운 지상의 낙원이 또 있을까? 폭포에서 낙하한 물에 손을 담갔다. 온몸의 피로가 풀리는 듯 짜릿했다. 지상에 걸친 무지개는 요염한 몸짓으로 오래 머물며 관광객의 마음을 곱게 물들였다. 주체할 수 없이 달뜬 마음을 흔들어 놓았다. 선녀처럼 날개옷을 입고 너울너울 춤추는 무지개를 보며 마음껏 행복을 누렸다.

　아쉬움을 뒤로하고 빙하를 보러 걸음을 옮겼다. 아이슬란드 여행의 백미는 빙하 체험이다. 요쿨살론은 수륙양용차를 타고 들어가 집채만 한 빙하를 보며, 녹은 물에 손을 담가 볼 수 있는 곳이다. 이 세상에 존재하지 않는 다양한 형체의 얼음 조각 작품을 감상하고, 깨지는 빙하의 신음도 들었다. 가이드가 건져낸 얼음 조각을 만져보고, 입에 넣고 우물거리기도 했다. 지구 온난화로 빙하가 녹으면 해수면이 상승하고 극지방의 동물 생존이 위험하다는 과학적 상식은 잠시 잊고 싶었다. 빙하가 둥실둥실 떠내려가는 다이아몬드 비치에서 얼음 조각을 종이컵에 넣고 냉커피를 만들어 주던 며느리와의 아름다운 추억은 오래 간직하고 싶다.

"오로라다!" 흥분한 듯 외치는 아들의 소리에 일제히 맨발로 뛰어나갔다. 아이슬란드, 가장 먼저 떠오르는 단어인 오로라! 추운 겨울에만 볼 수 있다는 오로라를 여름에 볼 수 있는 행운의 티켓을 선물 받았다. 8월 27일 밤, 듀피보구르 지방의 숙소인 통나무집에서 저녁 식사를 마치고 휴식을 취할 때였다. 혹시나 오로라를 볼 수 있을까 기대하며 집 밖에 휴대전화기를 켜고 카메라를 설치했던 아들은 오로라가 분명하다며 휴대전화기 사진을 보여주었다.

육안으로 보기에 약간 푸른색을 띠고 길게 늘어진 오로라는 서서히 밤하늘을 유영遊泳했다. 카메라에 찍힌 짙은 초록빛 의상에 반짝이는 별을 수놓은 오로라의 모습은 환상적이었다. 오로라는 환호하는 관객을 의식한 듯 멋진 공연을 펼쳐주었다. 맨발도, 추위도 잊고 오로라의 연기演技에 취한 우리 가족에게 아이슬란드의 밤은 축제의 장이었다. 8월의 크리스마스와도 같은 은총의 선물이었다. 은총에 감사하며 기도로 흥분된 마음을 가라앉혔다.

'그림의 떡' 아무리 마음에 들어도 차지할 수 없는 경우를 이르는 말이다. 희수喜壽의 남편과 종심從心을 훨씬 넘은 나에게 장거리, 장시간의 아이슬란드 여행이 벅찬 줄 알면서도 늘 꿈을 접지 않았었다. 책으로, TV로 아이슬란드의 원초적인 자연에 빠져 군침을 흘리던 우리는 아들 며느리 덕분에 꿈을 현실로 이루었다. 지구상의 보석인 아이슬란드 환상의 도로인 링 로드(Ring Road)를 완주하며 신비에 취해 꿈결 같은 날을 보냈다.

태초의 낙원樂園, '그림의 떡'이었던 아이슬란드 여행은 달콤한 꿀맛이었다.

명의名醫와 명약名藥

 수술실 앞, 묵주를 쥔 손에 촉촉이 땀이 밴다. 남편은 전신마취를 하고 온전히 자신의 생명을 의사에게 맡기고 깊은 잠이 들었을 것이다. 네 시간의 긴 수술 동안 나는 환자뿐만 아니라 수술을 집도하는 의사를 위해서도 기도했다. 사람의 생명을 살릴 수 있는 은총을 부여받은 그분이 수술하는 동안 편안한 마음으로 남편의 수술을 잘할 수 있도록 하느님께서 힘을 실어 달라는 간절한 기도였다.

 몇 해 전, 남편이 거실에서 TV를 시청하고 방으로 들어서며 불을 켜다 탁자 모서리에 얼굴을 다치는 사고를 당했다. 온통 피범벅이 된 남편을 보자, 다리가 후들거리고 당황하여 119에 연락할 생각을 못하고 택시를 불러 가까운 병원으로 향했다. 당직 의사가 응급

처치를 하고, 입원하여 날이 새기를 기다렸다. 다음날, 남편의 얼굴은 점점 더 퉁퉁 붓고 시퍼렇게 멍이 든 채 정밀검사를 받았다. 눈 밑 살이 심하게 찢기고 광대뼈가 부러져 수술을 해야 했다.

  수술을 집도하는 의사는 성형수술에 권위 있는 분으로 알려져 믿음이 갔지만, 행여 실수라도 할까 걱정이 되고 두려웠다. 나는 수술이 끝날 때까지 수술실 앞에서 바장대며 손에 땀이 날 정도로 묵주를 놓지 않고 간절한 기도를 올렸다.

  그날의 네 시간은 나흘과도 같았다. 드디어 수술실 문이 열리고 푸른 수술복을 입은 의사가 수술이 잘 되었으니 걱정하지 말라며 수술 과정을 자상하게 설명해 주었다. 의사에게 큰절이라도 올리고 싶었다. 진심에서 우러나오는 감사의 인사를 여러 번 반복했다. 우려했던 마음을 털어내고 의사의 얼굴을 바라보는 순간, 송골송골 맺힌 이마의 땀방울을 손등으로 닦는 그의 모습에 울컥했다. 남편이 무사하도록 수술을 잘해 준 데 대한 감사와, 수술하느라 무척 힘들었을 의사에 대한 죄송함이 어우러진 심경의 표현이었으리라.

  남편은 움푹 패고 골절된 부분에 인공 뼈를 끼우는

수술을 마친 후, 여러 날 입원하여 치료를 받았다. 치료하는 동안에도 의사는 늘 자상하고 친절하게 대해주어 편안한 마음으로 병원 생활을 할 수 있었다. 한동안 움푹 팬 수술 자국은 수술 흔적 없이 본本 얼굴 모습으로 복원되었다. 나는 남편의 얼굴을 되돌려준 의사를 명의名醫로 기억하고, 감사한 마음을 늘 잊지 않고 있다.

건강한 사람에게 의사의 존재는 삶에 큰 영향을 끼치지 않겠지만, 몸이 약해 자주 아프거나 사고로 의사의 치료가 필요한 사람에겐 삶에 큰 영향을 줄 수 있다. 그만큼 병원은 필수이고 병을 고치는 의사 역시 귀한 존재이다.

아픈 사람에게 의사에 대한 신뢰와 친절한 말 한마디는 병을 낫게 해주는 좋은 명약이 되기도 한다. 어려서부터 소화기관이 튼튼하지 못했던 나는 잦은 병치레로 수없이 병원을 들락거렸다. 내시경도 여러 차례 했고 소화제는 늘 달고 있다. 점점 나이가 들수록 몸 어딘가에서 아픈 신호를 보내오면 병원에 다녀도 바로 낫지 않아 결국 만성이 되어 치료가 더디고 마음까지 우울해진다. 우울한 마음이 행여 '큰 병은 아닐까'

하는 걱정으로 이어져 의사의 친절한 말은 나에게 명약이다.

내가 자주 다니는 병원 원장님은 연세가 지긋한 분이다. 음성이 부드럽고 친절하다. 진찰실 벽에는 십자가가 걸려있고 성모님을 흠숭하는 내용의 액자도 걸려있다. 종교의 일치에서 오는 믿음 또한 그분에 대한 신뢰심을 더해준다. 그래서인지 병원을 다녀오면 아픈 곳이 치료되는 기분이다.

며칠 동안 소화가 안 되어 병원을 찾은 날이었다. 증상을 듣고 난 원장님은 먼저 혈압을 재었다. 그날따라 내 혈압은 정상 수치를 훨씬 웃돌았다.

"혈압약 잘 먹고 있지요?"

"집에서는 정상으로 나와서 안 먹었어요."

"알아서 하세요. 건강을 지키는 일은 본인이 책임이니까요."

원장님의 퉁명스러운 말에 죄라도 지은 듯 얼굴이 화끈거렸다. 늘 친절하고 부드럽던 그분의 모습이 아니었다. 소화제 처방을 내고 어서 나가라는 듯한 원장님의 표정을 살핀 나는 문을 열고 나오며 뒤통수가 부끄러웠다. 매일 아픈 환자들을 대하다 보니 그럴 수도 있을 거라고 이해하면서도 처방받은 약을 먹을 때마다 원장님의 표정이 떠올라 약 효과도 나지 않는 것 같았다. 그만큼 나에게 마음의 상처가 컸다. 다른 병원으로 옮길까 생각도 했지만, 나의 병력이 모두 그곳에 있고 믿음도 있었기에 끊었던 혈압약도 챙겨 먹고 소화제도 열심히 먹었다.

혈압약이 떨어지고 골다공증 주사 맞을 날이 다가와 긴장된 마음으로 또 원장님을 찾았다. 문을 여는 순간 원장님의 표정을 살폈다.

"잘 지냈어요? 오늘은 어디가 아파서 오셨어요?" 웃음 띤 얼굴에 자상하고 다정한 말씨다. 혈압을 재보더니

"정상으로 잘 유지되고 있네요."

"네 혈압약도 잘 먹고 있어요."

나는 묻지도 않는 말에 아부성 발언을 한 것 같아 겸연쩍었다. 꼼꼼하게 진찰해 주고 이것저것 세상 돌아가는 이야기도 꺼냈다. 덩달아 내 기분도 좋아져 잠시 환자임을 잊고 감사하다는 인사를 하고 씩씩하게 골다공증 주사를 맞았다. 병원을 들어설 때까지 더부룩했던 가슴도 명약을 처방받아 뻥 뚫린 기분이었다.

사람의 생명을 다루는 의사가 되기 위해서는 의과

대학 6년의 수련 과정을 거쳐야 한다. 전공과목을 공부하고 실습을 병행하는 동안 힘든 과정을 이겨내고 의사 국가시험에 합격해야만 의사의 자격을 얻을 수 있다. 의학 드라마를 통해 본 그들의 병원 생활은 무척이나 피곤하고 힘들어 보였다. 가끔 환자들로부터 욕설과 폭행을 당하는 모습을 볼 때면 정말 어려운 직업이란 생각이 들 때도 있다. 인내와 사명감 없이는 할 수 없는 직업이 의사가 아닐까?

사람이 수명이 늘어나는 만큼 병원도, 의사도 늘어나고 있다. 병의 증상도 다양하고 병원도 세분되어 치료 방법도 점점 좋아지고 있다. 그러나 의사에 대한 환자의 불만도 다양하고 이를 충족시켜 줄 첨단 의술이나 고뇌도 깊어지리라.

"나의 환자 건강과 생명을 첫째로 생각하겠노라"라는 '히포크라테스 선서'를 마음에 두고 환자들을 위해 수고하는 의사들에게 감사와 존경을 표한다. 또한, 의사들에게는 무엇보다 환자의 병을 치료하는 의술이 가장 중요하지만, 때로는 환자를 대하는 친절한 행동과 자상한 말 한마디가 '명의요, 명약'이 될 수 있음을 마음에 새겨달라고 부탁드리고 싶다.

종소리

 한낮 여름 햇살이 따갑다. 태고사 오르는 길은 가팔라서 숨이 턱에 닿는다. 땀에 젖은 몸에 솔숲을 지난 바람이 스쳐 지난다. 더위에도 웃음을 잃지 않는 여린 풀꽃들에서 인내를 배운다. 손잡아주는 남편이 솔바람보다 고맙다.

 금산군 진산면에 자리 잡은 태고사는 원효대사가 절터를 보고 너무나 아름다워 사흘 동안 춤을 추었다는 설화가 있다. 만해 한용운도 '태고사를 보지 않고 천하의 명당을 논하지 말라'고 했다. 절 앞 벽에는 우암 송시열이 도를 닦으며 썼다는 석문石門이란 글씨가 또렷하다. 글자 위에 세월의 흔적이 찐득하게 묻어난다.

 태고사 낙조대에 오르니 대둔산이 한눈에 들어온다. 푸른 하늘을 향한 갈맷빛 나뭇잎이 눈부시게 빛난다.

하얀 떼구름이 펼쳐진 화폭에 새 한 마리가 날갯짓을 더 한다. 가슴이 탁 트인다. 쌓인 번뇌를 훌훌 털어낸다.

  노스님이 산사를 찾는 이를 기다린 듯 범종 앞에 서 계신다. 낯선 얼굴이지만 마음이 편하다. 나는 가톨릭 신자이지만 합장하신 스님께 깊은 절로 인사를 드렸다. 스님의 미소가 나를 선하게 한다.

  산사는 인적이 드물어 정지된 듯 고요하다. 선당으로 이어지는 귀퉁이에 서 있는 범종각 앞에서 걸음을 멈춘다. 산사를 찾을 때마다 습관적으로 범종각을 기웃거린다. 노스님과 남편의 세상 사는 이야기를 귓전으로 흘리고 대둔산 줄기의 소리골에 울려 퍼지는 범종 소리에 귀를 잰다. 내 귓전에만 아련히 울리는 마음의 종소리이다.

  범종은 절에서 시간을 알리거나 불교 행사에서 대중들을 모을 때 사용한다. 또한, 맑고 청아한 종소리는 세속의 찌든 번뇌를 맑게 정화해 준다. 34년에 걸쳐 만들어졌다는 성덕대왕신종은 신라가 삼국통일을 한 후에 흩어진 민심과 전쟁의 상처를 치유하려고 나라에서 온 힘을 기울여 만들었다 하니 범종이 갖는 의미는 매우 컸을 것이다. 이런 종소리는 내 마음 한편에 또 다른 의미로 간직되고 있다.

  범종이 새벽을 타고 울린다. 앞마을 산 중턱의 작은 절에서 들려오는 소리다. 시계가 귀하던 시절, 어머니와 나에게 범종 소리는 고마운 시계였다. 범종 소리에 고단한 몸을 일으켜 세수하려고 방문을 열면 사방에 안개가 자욱하고 밤새 추위에 떤 찬바람이 가슴으로 파고들었다.

  범종이 울리면 어머니는 매일 가마솥에 불을 지펴 아침을 준비하셨다. 어머니가 데워놓으신 따뜻한 물로 세수하고 정성껏 차려 주신 아침 식사를 마치고 학교에 가려면 새벽 기차를 타야 했다. 시계가 귀했던 시절, 절의 종소리로 시간을 가늠하며 하루를 시작했다. 어린 시절 추억의 소리이다.

  어머니는 아마도 새벽 종소리를 놓칠까 제대로 잠을 주무시지 못했을 것이다. 잠깐 잠이 드셨다가도 딸이 기차를 타지 못할까 봐 얼마나 노심초사하셨을까? 나는 가끔 새벽 미사에 갈 때마다 휴대전화기에 알람을 해놓고도 전날부터 긴장하여 잠을 제대로 못 자는데 8년을 그리하셨을 어머니를 생각하며 죄송함과 그리움에 젖는다.

내 어릴 적 학교에서 울리던 종소리는 약속의 소리였다. 땡땡땡, 세 번 울리는 종소리는 수업의 시작이며 땡땡 두 번 울리는 종소리는 끝을 알리는 소리였다. 시작을 알리는 종소리가 울리면 넓은 운동장에서 신나게 놀다가도 쏜살같이 교실로 뛰어 들어갔고 끝을 알리는 종소리엔 수업 시간의 해방감에 가슴이 뚫렸다. 학교에서 울리던 아날로그 종소리는 내겐 그 어떤 음악도 대신할 수 없는 아름다운 명곡이다.

은은한 교회의 종소리는 평화의 소리다. 해 질 무렵 하루 일을 마친 농부 부부가 마주 보며 두 손을 모으는 명화 밀레의 만종엔 평화가 깃든다. 하루의 마침을 알려주는 교회 종소리를 들으며 감사의 기도를 올리는 그들의 모습에선 욕심도, 다툼도 찾아볼 수 없는 소박한 행복의 참모습이다. 하루를 마치고 기도를 올리는 그들에게 종소리는 감사와 평화의 소리였을 것이다. 그들 부부는 종소리에서 젊은이들 사이에 유행처럼 번지는 소확행小確幸을 느꼈을 것이다. 부富를 쫓다 건강을 잃고, 명예를 잃고, 심지어는 생명을 포기하는 사람들에게 행복의 기준은 무엇일까? 그들도 평화의 종소리에 작은 행복을 느낄 수 있었다면….

종소리는 희생의 소리이다. 종은 스스로 울리지 못한다. 당목撞木의 희생과 종鐘의 진통이 따라야 한다. 당목은 온 힘을 다해 종을 쳐야 하고 종은 당목의 힘을 견디는 아픔을 겪은 후에야 소리를 낼 수 있다. 종소리는 온몸으로 아픔을 견디는 희생의 소리이다. 그 옛날 시간을 가늠할 종소리가 필요했던 나와 같은 사람을 위해 하루도 거르지 않고 새벽종을 울려주신 어느 스님에게도 감사함을 잊지 않는다.

어머니는 앞산에서 울리는 종소리에 귀를 기울이느라 고생하신 것만이 아니었다. 자신이 종과 당목이 되어 딸을 지키기 위해 구슬땀을 흘리고 온몸에 난 상처의 아픔을 견디신 분이다. 자신이 배우지 못한 아쉬움을, 가난하여 배고팠던 서러움을 딸에게 물려주지 않기 위해 종의 역할을 자처하셨다. 나는 어머니의 희생 덕분에 약속의 소리, 희생의 소리, 평화의 종소리를 들으며 행복을 키웠다.

현대인들에게 종소리는 점점 의미를 잃고 있다. 시계가 지천이니 범종 소리에 귀를 기울이는 사람도 없을 것이다. '학교 종이 땡땡땡' 노래는 옛이야기가 되었고 감미로운 경음악이 역할을 맡았으며, 교회의 종소리도 소음 공해라고 사라지고 있다. 아마도 밀레의 만종처럼 종소리에 기도를 올리며 마음의 평화를 찾는 사람도 많지 않을 것이다. 자기 행복을 위해 자식을 버리는 이기적인 사람도 있으니, 종과 당목의 삶을 살다 가신 내 어머니의 희생을 자처할 사람도 없을 것이다. 내 기억의 한 편에 자리 잡은 아련한 종소리의 추억이 사라지는 듯 아쉬움이 남는다.

해 질 무렵이다. 산사를 내려오며 뽀얀 새벽에 어머니와 함께 들었던 범종 소리를 듣는다. 대둔산 골짜기에 내려앉은 범종 소리가 애달프다. 욕심과 이기심을 산사에 두고 내려온다. 몸과 마음이 가볍다. 내 어머니가 나를 위해 범종 소리에 귀 기울이느라 잠 못 이루고 나를 키워내셨듯이, 나도 자식들에게 울림을 주는 종이 되리라. 그들의 마음에도 어미의 종소리가 가끔 울리기를 바라며….

솔바람이 등을 도닥여 준다. 고요와 함께 범종 소리가 잦아들고 나는 천상에 계신 어머니의 평안을 위해 기도한다.

거스름돈과 잔돈

며느리가 사준 양산 살 하나가 부러졌다. 양산 살 한 개의 위세는 대단하다. 사람도 신체 일부에 조금이라도 이상이 생기면 몸 전체의 건강이 무너지는 것처럼 가느다란 양산살 하나에 의해 꼿꼿하고 곱던 양산이 일그러져 쓰고 다니기가 민망하였다. 알뜰한 며느리가 자신은 좋은 양산을 쓰고 다니지 않으면서 나에게 선물한 것이라 더 아까웠다.

우리 아파트 정문 앞에는 토요일이면 우산, 양산, 구두수선, 칼을 갈아주는 할아버지의 트럭이 온다. 한동안 양산을 못 쓰는 내가 안 됐던지 남편이 수선한다고 들고 나갔다. 수선하시는 할아버지에게 맡기고 돌아온 남편은 주방의 싱크대에 꽂인 칼을 들고 다시 나갔다. 칼날이 무디어져 요리할 때 힘들었을 아내를 위해

서비스한다고 으스대면서….

 양산을 수선하고 칼을 갈고 들어오는 남편의 얼굴이 환하다. 자기처럼 자상한 남편이 흔치 않다는 표정을 짓는 남편이 고맙기도 하여 나는 칭찬을 아끼지 않았다. 그러나 칼을 갈아주고 양산을 수선해 준 할아버지와 오고 간 대화를 듣고서야 남편의 얼굴에 햇살같이 환히 번진 웃음의 의미를 알았다.

 수선비를 깎아준 게 고마워 거스름돈을 받지 않았더니 할아버지의 표정이 너무도 행복해 보여 자기도 덩달아 행복했다는 것이다. 깎아주어 고맙고, 거스름돈을 받지 않아 고마운 두 사람에게 단돈 천 원이 소확행을 안겨준 아름다운 이야기였다.

 나는 웬만하면 택시를 잘 타지 않는다. 운전을 못 하는 나를 위해 남편이 기사 노릇을 해주거나 시내버스를 자주 이용한다. 어쩌다 택시를 타는 날엔 세상 사는 이야기를 걸어오는 기사님들과 다정하게 대화를 나눈다.

 그들의 이야기 속엔 진실한 삶의 알맹이들이 잔뜩 들어있다. 삶의 애환, 사회에 대한 불만, 정치에 대한 날 선 비판들이 신랄하다. 그들의 말이 내 생각과 좀 다르더라도 비판하지 않고 귀여겨듣는다. 듣고 나서

동조하고 위로하며 힘을 내라는 메시지도 던진다. 내릴 때는 카드 결제 대신 현금을 낸다. 거스름돈을 받지 않기 위해서다.

어느 날, 택시를 탔을 때 '손님이 없는 날엔 사납금을 채우지 못할까 노심초사한다.'라는 젊은 기사님의 말을 들은 후부터 조금이라도 보탬이 되기를 바라는 마음에서다. 가족의 생계를 짊어진 우리 아들 또래 기사의 고뇌가 늘 마음 아프다.

거스름돈을 받지 않는 경우는 대부분 잔돈일 것이다. 잔돈의 의미는 단위가 적은 돈, 얼마 안 되는 돈, 자질구레하게 쓰는 돈이다. 그래서 하찮게 여겨지기도 한다.

어찌 보면 쓰임새가 커져 어린이들의 용돈이나 세뱃돈에서도 대접받지 못하는 잔돈들이 때로는 가치가 큰 역할을 할 때가 있다. 어쩌다 지갑을 집에 두고 시내버스를 탔을 때 난감한 적이 있었다. 마침, 휴대전화기에 비상금으로 넣어둔 단위가 큰돈 한 장이 있어 기사님에게 죄지은 사람처럼 사정했다. 다행히 은인을 만나 겨우 해결하고 보니 잔돈의 소용 가치가 크게 여겨졌다. 누군가에게는 하찮은 잔돈이 어떤 이에게는 큰 가치로 쓰인다고 생각하면 가치는 크고 작음의 문제가 아닐 것이다. 어쩌다 물건을 사고 깜박 잊고 거스름돈을 받지 않을 때는 그 적은 돈에도 아까운 생각에 마음이 언짢다. 잔돈도 쓰임에 따라 이렇듯 다르다.

누구나 명예와 부를 마다할 사람은 없다. 그러나 잔돈의 쓰임새처럼 사람의 쓰임새도 마찬가지다. 높은 지위에 있다고, 가진 게 많다고 모두 가치 있는 삶을 산다고 할 수 없다. 가진 게 많지 않아도, 낮은 자리에 앉았어도 나로 인해 누군가에게 기쁨을 주고 베풂에서 행복을 얻는다면 그 삶은 가치 있는 삶으로 평가받을 것이다.

주름살이 가득한 노령老齡의 수선 할아버지는 '내가 하는 일이 하찮게 보이겠지만 이 나이에 이런 일이라도 하여 용돈을 벌어 쓰고 손주들에게 용돈을 줄 수 있어 행복하다.'라고 했단다. 남편은 요즘에도 가끔 그의 모습이 행복해 보여서, 자기도 행복했다는 말을 되풀이한다. 그 일로 남편은 베풂의 행복과 그것을 실천하려는 속 깊은 마음을 은근히 나에게 표현하는 것이라 여겨진다.

삶이 녹록지 않다. 경제가 내리막길을 치닫고 있어

기세등등하게 칼바람을 가르던 공중의 새가 날갯죽지를 떨어뜨리듯 많은 사람이 활기를 잃었다. 삶의 목표도 방향도 잃은 사람들이 꿈을 찾고 화색이 도는 얼굴을 보고 싶다. 잔돈의 쓰임처럼 크지 않아도 서로 주고받으며 행복을 느낄 수 있는 소소한 일상이 오길 바란다.

 다시 몸을 곧추세운 양산은 나와 함께 즐거운 나들이를 하며 내게 거스름돈과 잔돈의 의미를 되새겨 주고 있다.

오만伍萬원과 오만午慢

 가끔 그녀의 소식이 궁금했다. 그의 동생을 통해 살아있다는 것 이외에 어디에서, 누구와 무엇을 하며 살고 있는지…. 그녀는 나와 초등학교 동창이며 나보다 생일이 몇 달 빠른 친척 언니이기도 하다. 우리는 고등학교에 다닐 때까지 서로의 집을 오가며 쌍둥이처럼 붙어 지냈다.

 대학교 1학년 때, 고등학교를 졸업한 그가 회사에 취업을 하고 나를 초대해 며칠을 함께 보낸 후 한동안 소식을 끊더니 결혼 소식을 알려 왔다. 사정이 여의찮아 결혼식에 참석 못 하고 그와 멀어졌다. 그녀의 가족이 이사하고부터는 아예 소식이 끊겼다.

 친정 집안의 혼사에 갔다가 그가 아들 하나를 낳고 남편과 헤어졌다는 소식을 들었다. 경제적으로 힘든 그가 친정에 도움을 청하려다가 불화가 있어 친정과도 왕래를 끊어 소식을 모른다고 했다. 세월이 많이 흐른 뒤 아들이 장성하여 가끔 드나드는데, 모자 관계가 그리 신통치 않다는 소식도 들렸다. 자매처럼 지내던 그가 너무도 어린 나이에 결혼하여 실패하고 녹록지 않은 삶을 산다는 소식이 들릴 때마다 마음이 아팠다. 그러나 나는 무관심한 채 세월이 흘렀다.

그녀를 만난 건 그녀의 어머니 장례를 모시던 날, 고향의 산소에서였다. 혹시나 그를 만날 수도 있다는 생각은 했지만, 친정과도 왕래를 끊었다니 그를 만나리란 희망은 품지 않았으나 혹시나 하고 기웃거렸다. 검정 상복을 입은 상주들 속에 마스크를 쓴 위로 눈매가 낯설지 않은 얼굴이 보였다. 그러나 희끗희끗한 머리에 깊은 주름이 잔뜩 잡힌 그가 내가 그리던 사람은 아닐 거로 생각했다.

슬프지 않은 죽음은 없다. 그의 삶이 어찌했던가를 차치하고라도 삶을 거둔 고인의 앞에선 모두 고개 숙여 애도한다. 목 놓아 우는 상주喪主의 슬픈 곡조엔 이별의 아쉬움과 매듭을 풀지 못한 애절한 한恨도 묻어 있다. 유독 슬피 우는 사람이 있었다. '엄마'를 애타게 부르며…, 고인을 엄마라고 부를 사람은 그녀밖에 없다. 내가 그리워하던 그녀가 분명하다. 그의 곁으로 다가가 어깨를 감싸안고 함께 눈물로 조우漕遇했다.

그녀도, 나도 청상이 되신 홀어머니께 불효하여 가슴 아픈 사람이다. 자식의 도리를 못한 그의 아픔이 얼마나 클지 잘 알고 있다. 그가 슬피 우는 사연을 알기에 나도 눈물을 쏟았다. 그녀의 어머니와 우리 어머니는 어려서 아래윗집에서 자라고 한동네로 시집와 친자매처럼 살았다. 벙근 꽃봉오리를 다 피우지도 못한 20대에 6·25전쟁으로 두 분 모두 남편을 잃고 짝을 잃은 그들은 서로 도우며, 위로하며 평생을 살다 가셨다. 애절한 인연으로 맺어진 어머니들끼리 애틋한 사이인지라 그와 나 사이도 애틋하였다.

우리 어머니는 딸 하나, 그녀의 어머니는 딸 하나, 아들 하나를 위해 평생을 눈물과 땀으로 사시다가 우리 어머니가 먼저 돌아가시고 그녀의 어머니 역시 고단했던 이승의 삶을 내려놓았다. 두 어머니의 인생행로는 평탄한 길이 아니었다. 두 분은 자식들을 위해 울퉁불퉁한 자갈길을 걷느라 끊이지 않는 덧난 상처의 아픔을 참으며 희생의 삶을 살았다. 그녀도, 나도 버리고 갈 수 없는 애물단지였을 것이다. 어머니의 인생 궤적을 생각하면 그 슬픔을 통곡으로 그칠 수 없으리라.

　50년 동안 단절되었던 이야기를 나누기엔 시간과 장소가 아쉽기만 했다. 언제 또 만나게 될지 모르는 채 우리는 그렇게 헤어졌다. 다행히 그녀의 곁에는 노후를 함께할 순박하고 넉넉해 보이는 분이 남편의 자리를 메꾸고 있었다. 그를 남겨두고 장지를 내려오면서 내가 생각했던 것처럼 측은하지 않고 아직은 건강해 보여 마음이 놓였다.

　멀어져가는 그를 생각하며 뒤를 돌아보니 헐레벌떡 그녀가 뛰어오고 있다. 잠시 발걸음을 멈추니 내 손에 5만 원 지폐 한 장을 잡아주며 언제 또 볼 날이 있겠느냐고 차비에 보태라고 했다. 무언가에 한 대 얻어맞은 기분이었다. 나는 완강하게 거절하고 그녀의 손에 쥐어 주었다. 어찌 그가 주는 돈을 염치없이 받아오겠는가? 형편을 생각한다면 나는 받을 사람이 아니라 주는 사람이어야 했다. 혹시 만날 수도 있을 그의 손에 들려줄 무언가를 준비했어야 도리에 맞을 것이다. 막무가내로 쥐어 주고 급히 돌아서는 그의 눈에도 내 눈에도 눈물이 맺혔다. 가방에 넣지도 못하고 한동안 쥐고 있

오만伍萬원과 오만午慢　127

던 구겨진 돈에서 힘들게 살았을 그의 얼굴이 아른거렸다. 돈을 받아 든 내 손이 부끄러워 얼굴이 화끈거렸다.
 진정 나는 그의 삶이 궁금했던 걸까? 자매처럼 지내던 그가 불행의 늪에서 허우적거리는 것을 알았을 때 어떤 방법을 써서라도 찾아보고 위로와 도움을 주어야 했다. 그녀는 나보다 훨씬 넉넉하고 순수한 인간적인 삶을 살았으리라. 손에 쥐려고 안간힘을 쓰며 움켜쥐기만 하는 내가 부끄러웠다.
 그에 대한 연민憐憫은 나의 오만午慢이었다. 오만은 자신을 과대평가하여 상대를 업신여기거나 무시하는 행동일진대 혹여 내가 그녀보다 나은 삶을 살고 있다는 착각을 하고 있었던 게다. 그녀가 쥐여 준 오만伍萬 원은 물질적 가치로 환산할 수 없는 따뜻한 정情의 징표였다. 그녀는 베풀 줄 알고, 나는 인색하였다. 입버릇처럼 배려하는 사람이 되어야 한다고 지껄이던 나보다 그녀가 한 수 위였다.
 '비운 자만이 하늘나라에 갈 수 있다는데….'
 그녀가 쥐여준 오만伍萬 원에 한풀 꺾인 나의 오만午慢이 다시 고개를 들지 못하도록 단단히 단속하며 배려하는 삶을 살리라.

3

스님의 신발

스님의 신발

빛의 시어터

메멘토 모리Memento mori

호랑나비의 우화羽化

숲의 선물

1-317

드라이버와 조수助手

북엇국

초대

고라니의 탈출

스님의 신발

 개심사 뜰, 소담스러운 연분홍 눈꽃 송이를 매단 가지초리가 힘겹다. 고단한 삶에 굽은 노인의 등처럼 휘어진 가지가 애처롭다. 등이 휘도록 찬바람을 견디고 인내로 환한 꽃을 피워 올린 매화 송이를 바라보니 마음까지 환해지는 느낌이다.

 소곳소곳 고개 숙인 왕벚꽃 아래 자갈자갈 웃음꽃을 피운 다정한 몸짓들이 분주하다. 얼마 만인가? 코로나라는 불청객 때문에 온 세상이 뿌연 안개 속을 헤매느라 봄이 손짓 하는데도 선뜻 찾아오지 못했다. 겨우겨우 걷히는 안개를 뚫고 모처럼 봄을 찾은 대웅전 뜰 안에 행복한 웃음들이 활짝 피어난다.

 대웅전 요사채 뜰엔, 내 어머니처럼 넉넉한 품으로 피어난 목련이 자비롭다. 반듯한 문살이 판화처럼 걸려있는 툇마루 앞, 목련을 배경으로 넉넉한 미소를 지으며 카메라 앞에 앉았다. 서너 달, 나들이의 유혹을 짓누르며 살다 해방된 마음이 날개를 달고 훨훨 난다. 조롱조롱 매달린 소원등所願燈도 들뜬 마음처럼 행복해 보인다. 원하는 것은 다 이루어질 것 같은 마음에 소박한 소원 하나 매달며 등을 단 사람들의 바람이 다 함께 이루어지길 빈다.

인파 속을 요리조리 피해 가며 꽃들을 배경으로 주인공이 되고 싶은 사람들의 몸짓이 꽃물결을 가르듯 날렵하다. 나 또한 주연이 되고 싶은 마음에 불쑥 나타나는 조연들을 향해 보이지 않는 눈총을 보내며 인색하던 웃음을 불러낸다. 사진 속의 주인공이 되고 싶은 착각이 나이를 잊고, 염치없는 사람으로 몰아넣을 때가 있다. 많이 남지 않는 세월의 조급함 때문이리라.

회색빛 가사 장삼을 입은 스님이 사진을 찍기 위해 어색한 몸동작을 놀리는 내 모습을 물끄러미 바라보신다. 조금 전까지 들떠있던 마음이 바람 빠진 풍선처럼 기운을 잃는다. 흐드러지게 핀 청매화 가지를 부여잡고 포즈를 취하는 내 또래 여인의 웃음이 허허롭다. 나는 무엇을 남기려 어색한 몸짓을 연출하는 것일까?

사람들 사이를 헤집으며 주인공이 되고 싶던 마음에 볼을 붉히며 인적이 드문 한적한 곳을 찾았다.

　스님의 눈에 비치는 중생들의 행위는 어떤 모습으로 보일까? 나는 짐짓 사진 찍기를 멈추고 스님을 향해 합장한다. 스님의 발에 시선이 멈춰진다. 계절을 모르는 낡은 검정 털신이 태연하게 스님의 발길을 따라나섰다. 오만하던 내 마음이 돌부리에 걸려 고꾸라진다. 남편의 만류에도 고집을 부리고 멋을 차리느라 신었던 빨간 구두가 부끄럽다고 슬며시 꽁무니를 뺀다. 일찍 찾아온 봄 날씨에 송골송골 땀이 맺히고, 하늘하늘 화려한 옷차림으로 멋을 부리고 꽃놀이를 즐기는데 털신을 신으셨다니….

　계절과 이목에 무관심하고 패션 감각이 뒤떨어진 스님의 낡은 털신은 신발 이상의 의미로 나를 잡아끌었다. 세상과의 인연을 뒤로하고 탈속한 스님에겐 오직 도를 깨닫고 수행하며 중생과 나라의 평안을 위해서 희생의 삶을 살고 있을 것이다. 계절 따라 유행 따라 어울리는 의복도, 육을 살찌우는 산해진미도, 세속의 유혹을 끊고 절제하는 삶이 배기까지 얼마나 힘들었을까? 스님의 얼굴은 복잡한 세상을 모르는 아기처럼 평온해 보인다. 삶이 부끄럽지 않거늘 계절을 잃은 털신이 부끄러울 리 없으실 게다.

 개심사 지붕 밑에 매달려 가끔 바람에 흔들리는 풍경 소리가 허영으로 들떠있던 내 마음에 회초리를 든다. 꽃 속에 묻힌 사람들의 고운 신발들이 자꾸 시선을 끌어 심기가 불편하다. 스님의 신발이 온종일 마음에서 떠나지 않고 내 신발 위에 겹친다.

 신발장을 열고 보니 햇빛을 자주 보지 못해 창백한 신발들이 뽀얗게 먼지를 덮고 울상을 짓고 있다. 계절 따라 날씨 따라 수북이 사다 놓은 신발들이다. 내 허영과 욕심을 채우기 위해 신발장에 갇혀있는 신발들에 미안한 마음이 들었다.

 신발의 본질이 무엇인가, 신발을 신어야 하는 이유를 생각한다. 신발은 반짝이는 빛깔과 세련된 모양의 겉치레가 아니라, 발을 보호하고 편안하게 해주는 것이 우선이요, 가치 있는 삶을 위해 앞장서는 인도자이다. 아무리 예쁘고 멋진 신발도 편하지 않다면 신발의 가치를 잃은 것이요, 고급 신발을 신고 바른 행동을 하지 못한다면 바른길을 걷는 이들의 짚신보다도 못하지 않겠는가. 그동안 내가 신었던 신발들은 내가 걸어온 길을 잘 알고 있다. 신발장 가득 들어 있는 신발 중에서 바른길로 인도해 준 신발은 몇 켤레나 될까?

어찌 신발 욕심뿐이랴. 나보다 더 가진 자들이 부러웠고, 나보다 높이 있는 자들을 시샘했으며, 욕심의 그릇이 채워지지 않아 분노에 찬 날도 많았다. 요란한 포장으로 나를 드러내며 겉치레로 살아온 날들을 세어 본다. 스님의 털신이 나를 부끄럽게 한다. 어떻게 사는 삶이 가치 있는 삶일까? 속을 다 비우면서도 하늘을 향해 떳떳하게 자라는 푸른 대나무처럼 욕심을 버리리라.

수행의 길을 걷고 있는 스님의 털신이 수많은 인파를 유혹하는 개심사 뜰의 왕벚꽃보다 더 짙은 잔영으로 남는 하루였다.

빛의 시어터

워커힐 전시장의 현란한 불빛에 눈이 부시다. 색과 형체를 알 수 없는 오묘한 빛이, 사방에서 쏘아 올리는 수십 대의 빔프로젝터와 대형 스피커에서 흐르는 선율과 함께 돌아가고 있다. 밝음에서 어둠으로 들어서는 순간, 사물의 식별이 어려워 잠시 걸음을 멈추었다. 잠시 어둠이 걷히고 차츰 색과 형체가 서서히 나타나며 그림의 조각이 맞추어졌다.

베르메르Johannes Vermeer(1632~1675)부터 렘브란트de Rembrant(1606~1669), 반고흐Vincent Willem Gogh(1853~1890)까지 26명 네덜란드 거장들의 명화를 감상할 수 있는 특별한 전시회장에서 독특한 예술의 세계를 접한다.

프랑스에서 첫선을 보인 몰입형 예술 전시인 '빛의

시어터'는 폐공장이나 폐교 등을 이용하여 전시를 시작한 후, 인구가 급감해 문을 닫은 레 보드 프로방스 Les Baux-de-provence 지역의 채석장을 이용, 빛의 채석장을 선보여 관광도시로 되살아났다.

  전시장에 익숙해지자, 베르메르의 '진주 귀고리를 한 소녀'와 우유를 따르는 소녀의 영상이 사방화면을 꽉 채운다. 그림에 조예가 없는 내게도 '진주 귀고리를 한 소녀'는 낯설지 않다.

  이 그림은 트레이시 슈발리에 소설로도 쓰였고, 영화로도 제작된 바 있는 유명한 그림이다. 바로크 시대의 특징인 두상을 일컫는 트로니이다. 소녀의 시선과 표정이 관람자들의 관심을 끄는 그림이다. 나도 하녀의 수수한 복장服裝에 부富의 상징인 진주목걸이를 한 소녀의 시선에 집중한다. 모나리자처럼 눈썹이 없어 신비로움이 더해진다. '북유럽의 모나리자'라 불린다니 어찌 보면 소녀의 모습이 모나리자를 닮은 듯도 하다. 선한 눈빛, 늘어진 터번, 허름한 옷과는 배치되는 귀걸이와 그녀의 표정이 왠지 애잔하다. 많은 그림 중 유독 진주 귀걸이를 한 소녀의 모습이 그림 위에 겹쳐 뇌리를 스친다.

경제적으로 어려웠던 베르메르는 심장발작 후 젊은 나이에 사망하여 생전에는 주목을 받지 못했지만, 사후 거장으로 재평가되어 널리 화가의 이름을 알렸다. 상인 계층의 일상을 소재로 삼은 그림을 자주 그렸다는 그의 그림 중 '진주 귀걸이를 한 소녀'와 '우유를 따르는 소녀'가 대표작이다. 예술가로서의 삶이 순탄치 않았다는 아들의 해설에 안타까움이 더해져 그림의 가치가 더욱 소중하게 마음에 닿았다.

화면은 쉬지 않고 빛과 색을 쏟아낸다.

반고흐의 자화상이 비치고 '밤의 카페 테라스Cafe Terrace at Night'가 눈에 확 들어온다. 나는 '밤의 카페 테라스'의 배경이 된 프랑스의 아를Arles 카페에서 처음으로 고흐의 그림을 사진으로 마주했다. 비록 사진이었지만 설렘과 감동으로 잠시 말을 잃었었다. 노랑과 청색의 대비가 선명한 별이 빛나는 카페의 밤 풍경은 신비로웠고, 별빛이 반짝이는 카페에서 차를 마시는 사람들의 모습이 평화스러워 보였다.

고흐는 그의 작품처럼 환하지 못한 화가였다. 경제적으로 부유하지 못하고, 친구도 많지 않고, 늘 외롭고 고독했다고 한다. 커피를 무척이나 좋아하는 고흐가 고독을 이기기 위해 고뇌에 찬 모습이 그림에 어른거렸다. 고흐는 노란색을 무척이나 좋아한 듯하다. 자기의 귀를 자르고 입원했던 병원도 온통 노란색으로 그린 '아를 병원의 정원'(지금은 문화센터) 현장을 방문했을 때, 그가 얼마나 노란색을 좋아했는지 알 수 있었다. 또한, 별이 빛나는 밤하늘과 노란 태양, 노란 해바라기, 푸른 강을 그림의 소재로 삼은 그가 자연을 무척 사랑하는 사람이라는 생각도 했다.

고흐는 10여 년에 걸쳐 900여 점의 그림과 1,100여 점의 습작을 남겼다. 살아있는 동안 인정받지 못하고 사후에 인정을 받았지만, 그의 그림은 불후의 명작으로 남아 세계 미술 애호가들의 존경을 받고 있다. 그런 미술의 천재가 정신질환을 앓고 자살로 불행한 삶을 마감했다니 안타깝기 그지없다. 잠시 아를의 추억을 떠올리게 했던 '밤의 카페 테라스'와 '고흐의 자화상'에 더욱 큰 애정을 품었다.

전시장 사방 벽이 기하학적 무늬로 움직인다.

피에트 몬드리안Piet Mondrian의 작품이다. 색채의 건축가라 불리는 피에트 몬드리안의 격자무늬 작품들이 새뜻하다. 점, 선, 면을 이용한 원색의 조화가 환상적이다. 빨강, 노랑, 파랑, 검정, 흰색의 강렬한 색채로 구성한 추상미술이다. 수직과 수평의 조화, 선과 선의 질서와 역동성이 느껴지고 강렬한 색채에선 삶의 의욕이 생기는 듯 생동감이 넘친다. 그의 작품은 오늘날 디자인 건축, 추상예술 발전에 중대한 영향을 미치고 있다.

  전시장은 일반 전시실처럼 타인의 시선을 의식하지 않고 자유롭게 돌며 작품에 몰입할 수 있게 꾸며졌다. 곳곳에 놓인 편안한 원형의 소파 의자, 누워서도 작품을 감상할 수 있도록 카펫을 깔아 가족, 연인들의 휘게 hygge 장소로서도 훌륭하다.

  30여 분 동안 워커힐 대극장 공간에서 전시하고 있는 '빛의 시어터'를 새롭게 감상할 수 있는 절호의 기회였다. 프랑스 루브르 박물관, 스페인의 프라도 미술관을 방문하였을 때도 미술에 조예가 없는 나에게 도슨트의 역할을 훌륭하게 해준 아들 내외와 함께 특별한 전시회에서 빛과 색채의 영상과 멋진 음향이 어우러진 몽환적인 그림에 반한 하루였다.

메멘토 모리Memento mori

 장례미사에 참여키 위해 성당 문을 열었다. 검은색 복장의 조문객이 슬픈 침묵을 삼키고, 수십 명의 사제司祭가 미사 집전을 위해 제단에 서 있다. 가족들은 한 방울의 눈물이 숭엄한 침묵을 깨뜨릴까 염려스러운 듯 속울음으로 슬픔을 참고 있다.
 빙그레 웃고 계신다. 자잘한 꽃무늬 블라우스, 비녀를 꽂은 고인의 모습은 범접할 수 없는 성모님의 미소를 닮았다. 영정 사진을 남기기 위한 가식의 웃음이 아니라 평생을 간직하고 사시던 본연의 자애로운 미소다.
 97세로 이승의 매듭을 짓고 천국에 드시는 고인의 장례미사가 치러지는 성당, 미사에 참여한 백여 명 신자들의 숨소리조차 멈춘 듯 고요하다. 모친母親의 장례미사를 집전하는 주교主敎님과 신부님의 모습은 숙연

해 보였다. 인생의 소풍을 끝내고 마지막 가는 죽음의 길에 아드님들이 드리는 미사가 흐뭇하신지 고인은 잔잔한 미소를 거두지 않으셨다.

고인故人의 삶은 오로지 기도였을 것이다. 고인은 물론 칠 남매의 자손들이 모두 세례를 받을 만큼 신심이 두터운 신자였다. 아드님 두 분을 하느님께 바쳐 사제가 되셨으니, 어머니의 기도가 얼마나 신실했는지 짐작이 간다. 사제가 된 아드님들이 세상의 온갖 유혹이나 물욕을 끊고 인내하며 하느님의 대리자로 사목활동을 할 수 있게 도와달라고 눈물겹도록 절실한 기도를 하셨을 것이다.

수도자를 자녀로 둔 부모님의 일상은 늘 살얼음판이오, 자기의 행복과 영화는 버려야 한다. 말 한마디, 행동거지 하나도 신자들 눈총의 대상이어서 사제 못지않게 힘든 삶을 사셨을 것이다. 사제와 가족의 힘듦은 내가 알고 있는 것보다 훨씬 클지도 모른다. 고인은 그토록 힘들게 사시면서도 늘 손에 묵주를 쥔 채 다정한 미소를 잃지 않으셨다.

오랫동안 고인의 삶을 지켜보신 본당 신부님은
"아네스 자매님은 늘 주는 분, 배려하는 분, 겸손한

분, 청빈한 삶을 사신 분이지요. 아마도 자매님을 아는 분 중에 무엇 하나라도 자매님의 도움을 받지 않은 사람이 없을 거예요."라고 하시며 고인의 삶을 높이 평했다.

나와 고인과는 사돈 관계이다. 그분의 따님이 나의 손아랫동서다. 사돈이란 어렵고 불편한 관계나 고인은 내 어머니처럼 인자하시고 편한 분이셨다. 내가 큰아이를 낳았을 때다. 귀하게 구하셨다는 산모용 미역을 들고 집으로 찾아오셔서 손을 잡아주시며 잘 먹고 건강해지라고 기도해 주셨다. 기쁜 일, 슬픈 일, 궂은 일을 당한 신자를 찾아다니며 도와주고 위로하는 일이 그분의 일상이었다.

슬픔을 감추고 담담하게 미사 집전을 하시는 주교님은 선한 성자聖者의 모습이었다. 세속과 가족의 인연을 멀리하고 오직 하느님을 공경하고 사랑과 정의를 몸소 실행하시는 게 그분의 소명이었으니 모친의 선종鮮終은 남다르셨을 것이다.

사제들은 세속적인 부모와 형제간의 고리를 끊고, 오직 영적인 기도로 사랑을 전할 뿐, 보고 싶어도, 하고 싶은 말도 참아야 한다. 고인도 사제이신 아드님들이 하느님의 아들로, 신자들의 아버지로 존경받을 수 있도록 멀리서 바라보며 눈물겨운 기도를 하셨을 것이다. 담담하게 미사를 집전하시지만, 세속의 자식으로서 다하지 못한 죄송함 때문에 주교님의 가슴 깊은 곳에는 눈물샘이 생겼을 것이다.

숱하게 장례식에 참여했지만 죽음이 이토록 성스러운 의식임을 느낀 건 처음이었다. 주교와 사제이신 아드님의 미사 집전, 수십 명 사제의 배웅, 가족과 신자들의 존경을 받으며 떠나시는 고인의 마지막이 슬프면서도 부러웠다. 행복한 죽음을 지켜보는 편안한 마음, 어떤 가장 좋은 단어로도 표현할 수 없는 분위기에서 치러진 장례식을 보면서 어떻게 살아야 하는가를 자꾸 되뇌었다.

고인이야말로 요즘 노인들 사이에서 번지고 있는 웰다잉well dying의 본보기였다. 생전에 하느님의 소명대로 사시다가 돌아가시기 일주일 전, 당신의 간호를 맡았던 간병인들의 손을 꼭 잡고 감사 인사를 하실 정도로 삶을 잘 정리하고 죽음을 자연스럽게 맞으셨다. 품위를 잃지 않고, 존엄하게 생의 마지막을 준비하며 행복한 죽음을 맞는 게 이토록 아름다운 것인 줄 미처

몰랐었다.

 촛불 행렬을 끝으로 성가대의 '나 하늘로 돌아가네'가 침묵을 깼다.

> 나 하늘로 돌아가리라
> 아름다운 이 세상 소풍 끝내는 날
> 가서, 아름다웠다고 말하리라
> 　　　　　　　－천상병의 시 〈귀천歸天〉에서 －

 천상에서 들리는 아름다운 노래였다. 고인을 위해 부르는 마지막 성가처럼, 고인은 아름다운 삶을 사셨으니 하느님 앞에서 '세상은 아름다웠노라'라고 말씀하셨을 것이다. 예수님의 가장 큰 계명이 하느님 공경과 이웃사랑이었으니 신자로서의 소명을 다하고 죽음을 맞으신 고인이 편안히 천상에 오르시도록 간절한 기도를 드렸다.

 '메멘토 모리Memento mori!' 자신의 죽음을 기억하라, 너는 반드시 죽는다는 것을 기억하라는 뜻이다. 누구나 죽음은 내 것이 아니라고, 아직은 멀었다고 생각하지만 생자필멸生者必滅이니 죽음을 피할 수 없다. '좀 더 베풀걸, 좀 더 참을걸, 좀 더 감사하는 마음으로 살걸….' 죽음을 앞둔 이들이 가장 후회하는 말이란다. 늦었지만 후회를 줄이고 행복한 죽음을 맞기 위한 삶을 준비해야겠다.

다 버리고 떠나야 하는 죽음을 늘 기억하고 산다면 악한 일도 멈칫하고, 권세와 명예도 욕심내지 않으며 어떤 삶을 살아야 하는지 선택이 쉽지 않을까.

이제 성경 말씀을 좌우명으로 새기며 남은 날을 살도록 마음을 다진다.

'선을 행할 줄 알고도 행하지 않으면 죄가 되니라.'

호랑나비의 우화羽化

 온 산야에 파스텔 톤의 멋진 수채화가 펼쳐졌다. 예년과 달리 차례를 기다려 피우던 꽃들이 올해엔 기상의 이변으로 한꺼번에 피었고, 빈번한 미세먼지에 외출을 자제하여 봄꽃 잔치의 아쉬움을 남긴다.
 꽃잎 위를 나풀거리는 나비의 출연은 우리의 가슴을 설레게 한다. 누구나 한 번쯤은 나비처럼 아름다운 빛깔과 예쁜 무늬의 날개를 달고 하늘을 날고 싶다는 생각을 했을 것이다.
 꽃 사이를 날며 꽃가루를 나르는 나비를 바라보며 손자를 떠올린다. 아홉 살인 손자는 과학자가 꿈이다. 특히 곤충에 관심이 많아서 과학 도서를 즐겨 읽는다. 생태학습에 흥미가 있어서 기회가 있을 때면 제 엄마와 함께 현장학습에도 열심히 참여한다.

지난해 여름, 손자는 생태 학습에 참여하여 2cm가량의 호랑나비 애벌레 두 마리를 분양받았다. 책과 인터넷을 통하여 애벌레를 키우는 방법을 조사하고, 향이 있는 잎을 먹여야 한다며 외가가 있는 먼 곳까지 가서 탱자 잎을 따오곤 하였다. 손자는 먹이를 먹는 애벌레의 모습이 귀엽다며 열심히 먹이를 주고, 나들이하는 날엔 애벌레도 함께 갈 정도로 정성을 쏟았다.

 애벌레가 점점 자라 번데기가 되더니 드디어 번데기를 뚫고 젖은 날개를 비비며 나비가 되어 나오자, 손자의 얼굴엔 함박웃음이 번지며 기뻐했다. 아직 장난감이나 게임에 즐겨할 아이의 얼굴에서 곤충을 사랑하며 피어나는 미소를 보는 가족의 마음도 흐뭇했다.

 손자는 자기 스스로 부화시킨 고운 나비를 곁에 두고 싶었겠지만, 나비의 행복을 빌며 하늘을 향해 날려주었다. 한 마리는 정성껏 키워주어 고맙다는 날갯짓을 하고 힘껏 날아갔으나, 한 마리는 힘이 없이 날다 아래로 떨어져 푸덕거렸다. 나비는 손자의 정성과 슬픔을 아는 듯 날아보려 애쓰는 듯했으나 서서히 날갯짓이 느려지더니 끝내는 미동이 없었다.

 "나비야, 주인을 잘못 만나 네가 날지 못해서 미안

해. 정말 미안해. 하늘나라에 가서 행복하게 잘 살아."

손자는 나비를 손바닥에 올리고 엉엉 소리 내어 슬피 울었다. 우는 오빠를 따라 여섯 살 손녀도 나비가 불쌍하다며 함께 우는 바람에 식구들까지 눈시울을 붉혔다.

손자를 달래며 아파트 화단 소나무 밑에 묻어주자고 했지만, 나비가 너무 불쌍해서 못 묻는다고 떼를 써서 며느리가 하얀 유리병에 넣어 사흘을 냉장고에 보관하였다. 수시로 냉장고 문을 열고 나비를 보는 손자의 모습이 너무도 슬퍼 보였다. 나비는 식구들의 설득 끝에 손자가 소나무 밑에 묻어주었다.

나비의 죽음이 자신의 잘못이라 생각하고 말 못 하는 곤충의 생명을 소중히 여기며 사랑하는 손자에게서 생명의 소중함을 배우며 어른으로서 부끄러움을 느꼈다.

이 세상의 모든 생명체는 소중하다. 작은 나비도 이렇듯 사랑하고 소중히 여기는데, 하물며 열 달을 자기 몸속에 품었다가 세상 밖으로 나온 귀한 자식을 어찌 학대하고 목숨까지도 빼앗을 수 있을까? 세상을 떠들썩하게 하는 자격 없는 일부 부모들이 저지르는 잔인

한 행동에 화가 난다.

  번데기가 허물을 벗고 나비가 되어 하늘을 나는 것을 우화羽化라고 한다. 나비는 우화할 때 가장 위험하다. 우화 도중 잘못하여 땅에 떨어지면 날개가 펴지지 않고 굳어버려 살아나지 못한다. 일부 인면수심의 어른들이 자녀들의 가냘픈 날개를 찢어서 세상을 날아 보지도 못하고 추락하는 슬픈 일이 더 이상 없기를 바란다.

  요즘 손자는 상춧잎에 붙어온 달팽이를 사랑과 정성으로 키우고 있다. 곤충을 사랑하는 손자가 인류의 생명 존중에 앞장서는 훌륭한 과학자가 되기를 바란다.

숲의 선물

 장맛비가 쏟아진다는 뉴스를 접하고도 망설임 없이 광릉숲 예약을 하고 은근히 걱정되었다. 유네스코 보전지역인 국립 광릉수목원은 하루에 500명만 관람할 수 있는 예약제라서 쉽게 가 볼 수가 없었다. 그래서 우산을 쓰고라도 꼭 한 번 가 보고 싶어 우비까지 챙겨 아침 일찍 집을 나섰다. 날씨가 흐리긴 했지만 비는 오지 않아 다행이라 생각하며 차를 달려 도착하니 관광버스를 비롯한 차들이 주차장에 즐비하다.

 숲은 언제나 나를 다정하게 맞아준다. 숲을 만나면 마음이 편하고 기분이 좋아진다. 숲은 사람과의 대화로 풀지 못한 아픈 내 마음을 위로해 주고 상처를 치료해 준다. 숲은 바람으로, 나는 미소로 정다운 대화를 나눈다.

숲으로 들어서며 대화를 시작했다. 첫눈에 뜨인 소나무가 링거를 맞고 있다. 다가가서 몸을 어루만져주며 어디가 아프냐고 물으니, 고령에 힘이 부친단다. 소나무는 항상 푸르기만 해서 그도 아픔을 안고 있는지 몰랐다.

어머니는 몸 구석구석 파스를 붙이고도 아프다는 말씀을 하지 않으셨다. 딸이 자신 때문에 신경 쓰는 걸 걱정할까 봐 약봉지를 서랍에 숨기고 몰래 드셨다. 어머니가 힘에 부쳐 쓰러져 대퇴부가 부서진 후에야 어머니의 몸이 심각함을 알았다.

소나무가 자신의 아픔을 숨기려 해도 병이 깊어 나무 끝이 마르고 갈색으로 변하는 모습을 숨길 수 없었을 게다. 링거를 맞는 소나무에게 어서 기운을 차려 푸른 몸을 보여주길 바라며 미소를 보낸다.

담쟁이가 상수리나무를 열심히 기어오른다. 덩굴손으로 나무를 붙잡고 기어오르는 모습이 힘겨워 보인다. 담쟁이가 벽이나 나무를 타고 오르는 모습에서 생명의 끈질김과 자연의 신비를 느낀다. 그러나 남의 집에 둥지를 틀고 마음 편치 않은 새처럼 상수리나무를 휘감은 담쟁이가 애처롭다.

나는 어머니라는 나무에 잔뜩 들러붙어 어미를 힘들게 하는 담쟁이였다. 직장생활을 핑계로 어머니께 집안 살림과 세 녀석이나 되는 손자들을 보살피는 힘든 일을 떠맡기고도 어머니의 건강에 신경을 쓰지 못했다. 병원 침대에 눕기 전까지 오직 딸의 행복을 위해 휘어지고 부러지면서도 딸이 업히도록 등을 내주신 어머니에게 죄송하고 감사하여 눈물을 흘린다.

 담쟁이는 스스로 서서 자라지 못하고 다른 나무의 몸을 빌려서 자란다. 담쟁이도 답답함을 참으며 기꺼이 몸을 내주는 상수리나무에게 감사하고 죄송하다는 마음을 안고 살아가겠지 생각하니 기대어 사는 그의 삶이 안타깝다. 내 어머니 같은 상수리나무에게 감사의 인사를 한다.

 한 줄기 바람이 시원하게 분다. 바람에 흔들리는 키 큰 나뭇가지 사이로 잠시 햇살이 비집고 들어와 그늘에 움츠린 여린 나뭇가지들을 보듬어준다. 여린 나무는 큰 나무의 그늘에서 자라 약하디약한 몸을 가누느라 힘들어 등을 굽힌다. 큰 나무는 자기 몸에 가려 햇볕의 양분을 받지 못하는 여린 나무를 위해 가끔 바람의 도움을 청하여 햇볕을 나누어준다. 나무의 넉넉함이 이기적인 내 머리를 때린다.

  사람들이 사는 세상에도 나무들처럼 춥고 배고픈 사람들에게 따뜻한 햇볕을 나누어주는 넉넉함이 있으면 좋겠다. 여린 나무들이 감사함을 배우며 꿋꿋하게 자라 큰 나무가 되길 바란다.

  다람쥐 한 마리가 내 길을 막는다. '그래, 숲에는 다람쥐도 살고 있었지?' 숲이 주는 양식이 있어 걱정이 없고, 보듬고 친구가 돼 주는 작은 풀과 꽃들과 함께 숲의 식구로 살아가는 다람쥐가 행복해 보인다. 그러나 다람쥐도 자신들의 양식을 주워가는 사람들을 경계하느라 불안하지 않을까? 사람들이 사는 세상에서 일어나는 가진 자의 횡포는 자연에도 손을 뻗치고 있어 그들을 위협하고 있다는 자괴감에 다람쥐를 외면하고 더 깊은 숲을 향한다.

  하늘을 찌르듯 곧게 자란 소나무 숲이다. 긴 숨을 토하고 마시며 내 속에 가득 찬 근심과 욕심과 아픔들을 내보내려 안간힘을 쓴다. 더러는 기를 쓰고 나오지 않으려 달라붙는다. 숲은 나의 아픔을 알아차리고 삽상한 바람결로 달래준다. 애쓰지 않아도 숲의 향기로 치유를 해주겠노라고….

눈을 지그시 감고 솔향이 주는 편안함을 즐긴다. 추석날 뽀얀 새벽, 가마솥에 솔잎을 깔고 아궁이에 불을 때어 송편을 찌시는 하얀 머릿수건을 쓰신 어머니 곁에 앉은 작은 소녀가 눈에 아른거린다. 송편이 익을 때쯤 모락모락 김이 오르면 솔 냄새가 나던 어린 시절의 그 향기를 기억하며 행복의 미소를 짓는다. 그리운 어머니가 우울한 내 마음에 솔향을 가득 채워주신다.

 우거진 소나무 숲 벤치에 누워서 보는 하늘은 더욱더 푸르고 맑은 샘물이다. 이 세상에서 다시 볼 수 없는 사랑하는 어머니, 먼저 떠난 그리운 친구들이 나를 향해 환하게 웃는다. 하늘을 향해 미소로 답을 보내고 작별을 한다.

 숲에서 나오는 피톤치드를 마시면 몸의 긴장을 풀어주고 정신적 피로를 해소해 주어 우울증을 치료해 준다. 외로운 이의 친구가 되어주고, 먹을 것을 주고, 집을 지을 수 있는 목재를 준다. 숲의 공익적 가치를 금전으로 환산하면 100조 원이 넘는단다. 어찌 숲을 사랑하지 않을 수가 있을까?

 나는 오늘 숲에서 귀한 선물을 한 아름 받았다. 숲과의 대화로 정신적 치유를 받았고, 어머니와 그리운 친구들을 만나 행복했다. 숲의 배려와 넉넉함도 배웠다. 숲에게 감사의 인사를 건네고 밝은 미소를 남기며 발길을 돌린다.

내가 사는 세상은 미세먼지가 가득하여 숨을 쉬는 것도 자유롭지 못하다. 매일 소름 돋는 사건 사고가 그치지 않는다. 생존경쟁으로 다툼이 치열한 도시 속으로 향하지만, 다시 만날 수 있는 숲의 세상이 있어 행복한 작별을 나눈다.

1-317

 그와의 해후에 밤잠을 설쳤다. 행여 헛걸음칠세라 며칠 전 알아낸 주소를 다시 한번 확인했다. 소설을 지난 날씨는 찬 기운을 품었지만 쾌청하다. 미처 낙엽을 떨치지 못한 떨켜들의 안타까움이 찬바람에 파르르 떨고, 이미 들판을 지나 여행을 서둔 잎새들이 방향을 잃고 머뭇거린다. 휑뎅그렁한 들판은 그가 남긴 빈자리처럼 허전하다.

 우리의 인연은 중학교 입학시험을 보던 날부터 시작되었다. 내 뒷자리에 앉아 시험을 본 친구였다. 그도 나도 시골에서 온 촌뜨기였다. 동병상련이었을까? 우리의 인연은 중고등학교를 거쳐 40여 년을 이어가며 평생지기 친구로 지내자고 무언의 약속을 했다.

 왜소한 나와 달리 그는 키도 크고 몸도 탄탄했으며

내가 갖지 못한 조건을 많이 가진 친구였다. 아버지, 6명의 동생, 경제적으로 풍족한 집안의 장녀였다. 나보다 한 살 아래였지만 의젓하고 배려심이 많았다. 경제적 여유가 있었던 그녀는 형편이 어려운 나에게 도움을 주는 편이었고, 나는 주로 받기만 했다. 아버지 없는 나를 딸이라 부르시던 친구 아버지는 하숙하는 친구를 보러 오시는 날이면 나도 함께 불러 외식을 시켜주셨다. 가끔 그의 집을 찾을 때면 동생들도 나를 언니, 누나로 불러주어 형제 없는 나의 외로움 한구석을 채워주었다.

50여 리 먼 길을 기차로 통학하던 나를 위해 하숙을 하는 이모 댁으로 자주 불러 저녁을 먹게 해주고, 시린 마음을 따뜻하게 해주었다. 자기 식구 한 끼 마련하기도 어려웠던 시절이었으니 자주 친구를 데려오는 조카도 원망스럽고 눈치 없이 따라오는 내가 얼마나 눈엣가시였을까? 염치없던 그때를 생각하면 친구와 이모님에게 감사와 죄송함이 밀물처럼 밀려온다.

부럽기만 했던 친구에게도 장녀의 무게와 부모님의 기대로 부담되어 고민할 때가 있었다. 그럴 땐 속마음을 털어놓는 친구를 위로해 주었다. 그러나 아버지에 대한 그리움과 고생하시는 어머니 때문에 힘들어하는 나를 위로해 주는 건 늘 친구의 몫이었다. 친구가 대학에 실패하고 좌절했을 때 나는 내 일인 듯 괴로웠다. 그러나 친구는 의연하게 나의 합격을 축하해주고 친구 가족들도 축하해주었다. 진정한 가족애에 뭉클했다. 심지 굳고 심성 고운 친구는 상경하여 자신의 꿈을 접고 바쁘신 부모님을 대신하여 동생들 뒷바라지에 장녀의 몫을 다했다.

부모님의 권유로 일찍 결혼한 친구는 훌륭한 남편을 만나 딸 둘을 낳고 행복하게 살았다. 나도 결혼하여 가정을 이루고부터는 서로의 집을 방문하고 만남을 이어가며 행복을 함께 공유하고 더 깊은 정을 쌓았다.

청천벽력이었다. 친구의 딸이 전화로 알려 온 소식에 눈앞이 캄캄하고 무거운 돌덩이가 머리를 내려치듯 몸을 가누지 못하고 주저앉았다. '며칠 전 헬스장에서 쓰러져 의식불명이라는….'

서둘러 서울행 고속버스를 탔다. 이미 초점 없는 눈동자, 본인의 의사는 아랑곳없이 밀어버린 민둥산의 머리, 관을 통해 생을 이어가는 의미 없는 생명줄, 감각도 감정도 없는 그의 손을 잡고 주체할 수 없는 눈물만 흘린 채 친구를 위해 고작 할 수 있는 건 기도 밖에 해 줄 것이 없었다.

다시 친구를 만난 건 영안실에서였다. 그의 나이 52세, 사랑하는 가족의 슬픔을 아는지, 모르는지, 그는 사랑하는 남편, 두 딸과 이별의 인사도 못 한 채 천상에 올랐다. 죽음이 가까이 있음을 받아들이며, 조용한 슬픔 속에 눈물을 가두고 가끔 흘려보낸 지 22년이 흘렀다. 지금도 제일 친한 친구가 누구냐고 묻는다면 망설임 없이 떠오르는 자매 같던 친구이다.

버나드 쇼의 묘비명을 떠올린다 '우물쭈물하다가 내 이럴 줄 알았지.' 무에 그리도 바쁘게 살았을까? 아니, 바쁜 게 아니라 내가 무성의 한 탓이었다. 영혼이 사는 친구의 집을 22년이 넘도록 방문하지 못한 데 대한 변명의 여지가 없다. 어찌 이리도 무심했던가! 22년의 회한에 가슴이 먹먹했다.

11월은 위령성월이다. 죽은 자들을 위해 기도하는 달이다. 친구가 떠나고 몇 해는 그를 위해 미사를 드리고 미사 때마다 그의 영혼이 주님의 품 안에서 평안해지도록 기도를 올렸다. 늘 친구 집을 방문해야겠다고 벼르기만 했다. 죽음과 삶의 경계에 무관심했나 보다.

하나둘 지인들이 세상을 떠나고 이제 나이 들어 여기저기에서 아픈 신호를 보내는 통에 병원 출입이 잦았다. 이제 더는 친구 집 방문을 미룰 수 없었다. 가까스로 집 주소를 알아내고 벼르고 별렀던 그녀의 집을 찾아나섰다.

그의 집이 가까워져 온다. 무슨 말을 먼저 꺼낼까? '미안하다, 그리웠다, 반갑다, 이제 자주 올게….' 눈시울이 뜨거워졌다. 묵묵히 운전하는 남편 옆자리에서 두 시간 동안, 22년 동안 정지되었던 친구와의 추억을 소환했다.

안내도를 쥐고도 어렵게 그의 집을 찾았다. 그의 집은 윤슬이 반짝이는 팔당댐이 바라보이는 '천주교 소화묘원 1-317구역'이다. 무릎을 꿇었다. 삶과 죽음은 피할 수 없는 운명이다. 재회의 그날, 친구와 마주하면 용서를 빌고 못다 한 이야기를 들려주리라 약속했다. 세월은 슬픔도 지워주는 하느님의 은총일까. 만나면 엉엉 소리 내어 터져 나올 줄 알았던 그리움의 응어리들이 그저 소리 없이 눈물방울로 볼을 적셨다. 그가 말없이 내 눈물을 닦아준다. 여전히 너그럽고 다정한 친구다.

해후를 지켜본 마지막 잎새가 사뿐히 내려앉았다. "스테파니아, 사랑해." 나뭇잎 엽서에 짧은 손 편지를 남기고 발길을 돌렸다.

  성마른 가지초리에 새순이 돋을 무렵 다시 그의 집을 방문하리라. 새봄이 기다려진다.

드라이버와 조수助手

 봄뜻이 완연하다. 햇살을 가르고 힘차게 페달을 밟는 해맑은 아이의 품에 안긴 달큰한 바람이 휘파람을 분다. 순식간에 멀어지는 아이의 뒷모습을 따르던 시선을 멈추고 그 또래쯤의 나를 회억한다.
 닷새마다 열리는 음성 장날이었다. 예닐곱 살 무렵, 나는 엄마 손을 잡고 풍선처럼 부푼 마음을 안고, 20여 리 떨어진 읍내로 장 구경을 하러 가던 중이었다. 앞쪽에서 속도를 내고 달리던 젊은 남자의 자전거가 비틀거리더니 신작로 갓길을 걷던 우리에게로 돌진했다. 아마도 뒤따라 달리는 자동차를 피하려다 생긴 사고였던 것 같다. 갑작스러운 사고에 놀란 엄마는 나를 감싸안으며 나뒹굴었다. 다행히 크게 다친 곳은 없었고, 돌멩이에 부딪힌 나는 얼굴에 약간의 타박상을 입었다.

  자전거에 대한 그때의 트라우마는 훗날까지 내게 두려움으로 남아 자전거를 탈 용기를 꺾어버렸다. 어른이 되어 몇 차례 자전거 타기를 시도했지만, 나는 면허증 없이도 탈 수 있는 자전거를 탈 줄 모르는 겁쟁이가 되었다.

  내 나이 푸르렀던 40대 초반, 직장에 운전면허증을 따는 붐이 일었다. 자전거도 탈 줄 모르는 내가 언감생심, 동료들 대열에 동승하여 운전면허증을 따보겠다고 용기를 냈다. 나는 소심하고 겁이 많다. 핸들을 잡으면 손이 바들바들 떨리고 온몸이 오그라들었다. 내가 교사인 걸 아는 조교助敎는

  "이토록 소심하고 겁이 많으면서 아이들은 어떻게 가르쳐요?"

  그의 말에 자존심이 상해 부글부글 끓었지만 어떻게든 운전면허증을 따보겠다는 욕심에 대꾸도 못 하고 꾹꾹 눌러 참았다.

  힘겹게 연수를 마치고 시험을 보던 날, 아침부터 초조와 긴장으로 배가 아파 약을 먹고 시험을 치렀다. 다섯 명 중 나만 낙방이었다. 재수생으로 며칠을 가슴 졸

이며 연수하였지만 2차 시험에서도 코스 하나를 남기고 낙방하였다. 삼수 도전 끝에 겨우 면허증을 손에 쥐던 날 세상을 다 가진 듯 기뻤다. 그러나 60을 넘겨 퇴직할 때까지 면허증은 고이 책상 서랍에 모셔두었다.

 퇴직을 하고 나니 어디론가 혼자 훌쩍 떠나고 싶을 때가 있었다. 폼 잡고 콧노래를 부르며 달려보고 싶은 마음에 연수를 다시 받았다. 처음 면허증을 딸 때보다는 용기가 생겼으나 여전히 두려웠다. 이때가 아니면 영영 운전은 못 할 거란 생각에 차를 사고, 남편 곁에서 조심스레 운전을 시작하였다. 홀로서기를 해보려고 남편 대신에 지인을 태우고 한적한 길로 드라이브를 하다가 운전 미숙으로 거리를 유지 못 해 앞차를 들이받았다. 사고로 지인의 갈비뼈가 부러지고 차는 거액의 수리비가 나올 정도로 망가졌다.

 운전을 못 하는 나를 위해 대부분 남편이 충직한 운전기사로 내 발이 되어주지만, 사정이 있어 데려다주지 못할 땐 지인이나 친구들의 신세를 진다. 그럴 때마다 거침없이 운전하는 그들의 모습이 부럽고 존경스럽기까지 하다. 그러나 운전을 다시 시도해 보겠다는 생각은 아예 없다.

남편은 사십여 년 경력의 노련한 드라이버다. 사진 촬영에 취미가 있어 우리나라의 이름난 곳과 숨겨진 아름다운 곳을 찾아 전국을 누빈다. 거미줄처럼 복잡한 서울, 다섯 시간의 장거리를 감내해야 하는 부산, 벚꽃 휘날리는 계절엔 경주의 보문정에도 늘 나를 곁에 태우고 달려간다.

나는 그의 옆자리에 앉아 배고픔을 참지 못하는 그를 위해 간식을 골고루 준비하여 입에 넣어주고, 함께 노래도 흥얼거린다. 그가 혹시라도 피곤하여 졸음운전을 할까 염려될 땐 간간이 휴게소에 들러 휴식을 취하도록 종용한다. 때로는 과속을 단속하는 감시자의 역할도 하고, 끼어들기로 조바심하는 차를 위해 기꺼이 양보도 권유한다. 남편은 이런 나에게 '쓸만한 조수'라는 칭찬을 자주 해준다.

조수는 사전적 의미처럼 '도와주는 사람'만은 아니다. 어렸을 적 핸들을 잡고 트럭을 운전하는 운전사와 기름때 묻은 작업복을 입고 자동차 밑에 누워서 수리하는 조수의 모습을 주종主從 관계로 생각했었다. 그러나 지금은 정비사의 손길만 닿으면 자동차가 움직이는 신기함에 운전사와 조수의 관계를 동등하다고 생각한다. 조수의 역할과 가치도 드라이버 못지않기 때문이다. 세계를 떠들썩하게 했던 영화 '미나리'의 윤여정은 '아카데미 조연상'으로 이름을 날렸고, '오징어 게임'의 조연 오영수도 '골든글로브상'을 받아 영화를, 한국을 빛나게 했다.

우리의 삶엔 영원한 주연도, 조연도 존재하지 않는다. 드라이버의 역할에선 남편이 주연이지만, 주방에서만큼은 내가 당당한 주연이요, 남편은 조연이다. 주연과 조연의 역할이 바뀌어도 교만하지 않고 주눅 들지 않는다. 서로의 능력을 인정해 주고, 부족한 부분을 채워주려 애쓴다. 푸른 숲은 우람하게 큰 나무만 자라는 게 아니다. 볕뉘에 만족하며 꿋꿋하게 자란 잡목들과 여린 풀들이 존재하기에 메숲진 숲을 이룰 수 있다.

가끔 내 능력의 한계에 부딪힐 때 이 세상에 존재하는 사람 중에 완벽한 사람은 없다는 논리를 적용한다. '지족불욕知足不辱 지지불태知止不殆' 족함을 알면 욕됨이 없고 그칠 줄 알면 위태로움이 없다는 말이다. 내 능력의 한계에 실망하지 않고 가진 것에 만족하고 감사한다. 비록 멋진 드라이버는 못 됐지만, 조수의 역할로도 소소한 행복을 느낀다.

노령운전자의 사고가 이슈화되고 있다. 언젠가는 남편이 운전대를 놓아야 한다. 남편이 운전할 수 있는 그날까지 즐겁고 안전한 운행을 할 수 있도록 충실한 조수의 역할을 마다하지 않는다.

북엇국

"할머니, 내일이 무슨 날이게요?"

기저귀 갈아주고 우유 먹이며 애지중지 키운 손녀가 잔뜩 미소를 머금고 묻는다. 넌지시 알려주는 손녀의 눈빛에서 며칠 전에도 기억했던 손녀의 생일을 잊을 뻔했음에 뜨끔했다.

이런 증상들은 몇 해 전부터 서서히 왔다. 감명 깊어 눈물 흘리던 영화 제목이 생각나지 않아 머리를 쥐어짜고, 함께 근무했던 동료들이 반갑다고 끌어안는 데도 이름이 생각나지 않아 민망하기도 하다.

기억의 감퇴는 여러 가지 요인이 있지만, 노화로 온다니 성경도 쓰고, 책과 신문도 읽으며 걷는 운동도 열심히 하여 조금이라도 망각의 속도를 늦추려 노력하고 있다. 아직은 건강하여 여행도 즐기고 취미생활도

하며 자식들에게 신세를 지지 않고 있으니 다행이라 생각한다.

  이제 일흔이 넘다 보니 기억이 흐릿해지지만, 교직에 몸담았던 42년 동안에 있었던 제자들과의 추억은 기억의 창고에 보물처럼 가득히 쌓여 있다. 그 아름다운 보물들이 내게서 사라지기 전에 글로 저장하는 작업을 서두르고 있다.

  48년 전, 햇병아리 교사 시절이었다. 6학년 담임을 맡고 걱정이 되어 꼬박 밤을 새운 일이 있다. 중학교 입학시험이 있는 때여서 가르치는 일이 부담되었고, 제자들과 겨우 10살밖에 차이가 나지 않아 그들 앞에 서기가 겁이 났다.

  150센티가 조금 넘는 나보다 키 큰 아이들이 많았고, 시골에서 밥도 짓고 빨래도 하며 농사일로 바쁜 부모님을 돕는, 제법 성숙한 갈래머리 아이들도 있었지만 순박하고 거짓 없는 착한 아이들이었다. 그들에게 나는 담임교사이기보다는 언니 같은 존재였다. 수업 시간엔 엄격했지만, 수업 시간 외엔 그들을 동생처럼 대해주었다. 나는 공부를 가르치는 일 외에 초등학교 마지막 해의 아름다운 추억을 안겨주기 위해 다양한 체험활동을 시도했고 아이들은 나를 언니처럼, 선생님처럼 잘 따라주었다.

  수업이 없는 토요일 오후와 일요일이면 자취를 하는 내방엔 아이들 웃음소리로 왁자글 시끄러웠다. 책도 읽고, 노래도 부르고 함께 어울려 시간 가는 줄 모르는 아이들을 저녁 늦게야 억지로 집으로 돌려보냈다. 가끔 부모님의 허락을 받았다며 좁은 내 자취방에서 함께 조잘대다 잠이 드는 아이들도 있었다. 아침이면 아이들과 함께 동네 골목 청소를 하여 마을 어른들의 칭송을 받았고, 야트막한 동산의 해솔 길을 함께 걸으며 아름다운 추억을 쌓았다. 부모님들께서는 철부지 아이들이 선생님을 귀찮게 한다며 걱정하셨지만, 그해 일 년은 아이들로 인하여 행복했다.

  심한 감기·몸살로 앓아누워 출근도 못 하던 날이었다. 옆 반 선생님의 도움으로 수업을 마치자마자 달려온 아이들은 좁은 자취방에 한꺼번에 들어오지 못하여 줄을 서서 대기했다가 차례로 들어와 머리를 만져주고 물수건을 대주며 간호를 해주었다. 몇몇 아이들은 집에 다녀온다고 하더니 부엌에서 북엇국을 끓인다고 야단법석을 피웠다. 한참 후 북엇국을 쟁반에 받쳐 들고 들어온 아이들 때문에 나는 눈시울이 뜨거웠다.

국물엔 기름이 둥둥 뜨고, 무는 채 익지도 않았으며 간도 맞지 않는 북엇국을 한술 뜨는 순간 가슴이 먹먹했다. 내 입맛에 맞지 않았지만, 아이들의 정성과 사랑을 생각하며 북엇국 한 그릇을 다 먹었다.

어린 나이에 어찌 그런 기특한 생각을 했을까? 선생님을 위해 어른도 힘든 북엇국을 연탄불에 끓이느라 힘들었을 아이들 덕분에 몸살을 잘 이겨내듯, 햇병아리 교사의 어려움도 착한 아이들 덕분에 잘 이겨낼 수 있었다. 지금도 북엇국을 먹을 때면 그때의 제자들이 생각난다. 교직 생활 42년 동안 힘든 일도, 보람도 많았지만, 평생 잊히지 않는 가장 아름다운 기억이다.

정년 퇴임을 한 지 오래지만, 아직도 가방을 멘 초등학생들이 눈에 띄면 나는 교사로 돌아간다. 학교에 이어 학원을 전전하며 공부에 지쳐 보이는 아이들, 어른보다 더 진한 화장을 한 초등학생들의 모습을 볼 때면 마음이 짠하고 신나게 운동장에서 뛰어놀던 그 옛날 순수하고 해맑던 제자들이 떠오른다. 세월이 많은 것을 변화시켰지만 공부에 찌들고 너무 일찍 어른을 닮아가는 순수함을 잃어가는 아이들이 안타깝다.

요즘도 감기·몸살을 앓고 있는 담임교사에게 북엇국을 끓여주겠다는 자녀들이 있다면 허락하는 부모가 있을까? 아마도 교사는 학부모들과 언론에 뭇매를 맞을 것이다.

일부 교사의 탈선 행위로 스승에 대한 믿음과 존경심이 사라지고, 오직 대학에 집결되는 학력 위주의 교육은 아이들을 사교육으로 내몰아 그들도 지치고 피곤하다. 학부모들 역시 자녀가 사교육 열풍에 편승하지 않으면 낙오된다는 중압감과 경제적인 부담으로 등이 휜다. 이런 모든 것들은 아이들이 즐거운 학교생활에 장애가 되어 '사제지정'의 아름다운 모습들이 사라지는 것 같아 아쉬움이 남는다.

'스승의 그림자도 밟지 않는다.'라는 말이 가치를 잃은 지 오래다. 천직으로 부러워하던 교사의 직업도 이젠 차츰 앞의 순서에서 밀리고, 교직을 떠나는 교사가 많아진다고 한다. 평생을 교단에 머물렀던 전직 교사로서 교사, 학생, 학부모의 신뢰를 바탕으로 즐거운 학교, 존경받는 선생님, 사랑스러운 제자와의 아름다운 이야기가 자주 오르내리는 사회가 되기를 바라는 마음 간절하다. 나는 아직도 스물두 살 햇병아리 교사 시절을 잊지 못하는데, 어느새 단발머리 제자들이 환갑을 맞아 함께 늙어가니 세월이 많이 흘렀음을 인정해야 한다. 지금도 그때의 제자들을 만나면 추억 속의 북엇국 이야기로 그리움을 달래며 '사제지정'을 나누고 있다.

초대

 설렌다. 특별한 초대다. 그들은 어김없이 스승의 날과 연말 즈음이면 우리 내외를 초대한다. 그들과의 시간은 스물다섯 풋내 나는 새내기 여교사와 홍안의 열세 살 소년의 푸른 기억이다. 50여 년의 세월을 되돌리는 흑백영화처럼 제자들과 시공간을 초월한 추억의 시간이다. 그들과 사제지정을 맺은 것은 햇병아리 교사 시절이었다. 나는 교단 경험 부족으로 의욕만 넘치고 실수를 연발했다. 그러나 42년의 교직 생활에서 가장 교육애를 불살랐던 황금기였다. 자나 깨나 오직 제자들 생각으로 하루를 채웠다. 아마도 그런 모습이 햇순 같던 초등학교 6학년 남학생들에게 좋은 선생님으로 비쳤나 보다. 50년이 흐른 지금까지 실수투성이였던 나를 스승으로 기억하고, 자주 초대해 주니 반평생을 교직에서 보낸 세월이 보람으로 벅차다. 제자들은 만날 때마다 내 입을 호강시켜 준다. 노래방에도 가고, 내가 주관하는 행사에도 빠짐없이 참석하여 자리를 빛내준다. 이런 모습이 주위 사람들의 눈길을 끌어 제자를 잘 둔 스승으로 부러움의 대상이 된다. 나는 은근히 어깨를 펴고 회심의 미소를 지으며 제자 자랑에 달뜬다. 이제 홍시처럼 붉어져 떨어질 날이 가까운 나를 초대하여 추억에 물들 수 있게 해주는 제자들이 있어 행복하다. 초대는 우호友好와 신뢰를 의미한다. 초대의 장場은 신뢰를 바탕으로 교감을 나누고 대화를 통하여 친화를 도모할 수 있는 대화의 광장이다. 공통된 취미와 관심사를 나누며 추구하는 가치와 삶을 나눌 수 있는 행복의 장이다. 삶이 고달프고 힘들 때 위안을 주고 외로움을 달래주는 탈출구가 되기도 한다.

  초대를 한 사람은 초대 손님을 위해 빈틈없는 계획을 하고 정성껏 준비하는 마음과 수고가 필요하며, 초대받은 사람은 초대해 준 사람에 대한 감사와 은혜에 보답하기 위한 자세가 준비되어야 하리라. 베풂을 받은 만큼의 감사와 배려가 있어야 초대의 의미와 가치가 살아나고 우호와 신뢰로 더욱 성숙한 인간관계가 유지되지 않을까?

  나를 처음 생生의 바다로 초대한 분은 부모님이었다. 어머니의 태를 둥지로 잉태된 지 열 달을 기다려 세상의 한 귀퉁이 아담한 시골집으로 초대받았다. 나는 어머니의 초대에 감사함을 겨우 첫울음으로 보답하였다. 어머니는 나를 위해 온 정성과 사랑으로 준비한 잔칫상을 평생 차려 주셨다. 나는 태어날 때부터 당연한 듯 손님 대접만 받았다. 어머니 생전에 나를 세상으로 초대해 주신 감사의 답례를 한 번도 하지 못했다. 평생 나를 위해 온갖 사랑과 희생으로 행복하게 해주신 은혜에 보답하는 선물을 미처 드리지 못했는데, 어머니는 천상에 오르셨다. 짊어진 빚이 너무 무거워 돌덩이를 안은 듯 가슴을 짓누른다. 천상에 계신 부모님이 평안해지시길 기도하며 위안으로 삼지만 늘 회한의 그림자가 어룽거린다.

  오늘의 하이라이트는 재롱잔치다. 스승과 제자의 벽을 허무는 시간이다. 환갑을 지난 제자들의 재롱잔치가 마냥 흥겹다. 나는 탬버린을 흔들고 그들은 흥겨운 노래와 춤으로 희끗희끗한 머리카락을 날리며, 재롱잔치로 노래방은 웃음꽃이 만발하다. 세월의 더께와 온갖 시름을 덜어내고 흥겨운 시간을 보낸 후, 다음을 약속하고 그들이 불러준 택시 안에서 세월을 되돌린다. 적묵寂默의 시간이다. 행복 뒤에 오는 고요가 허허롭다. 내 나이를 헤아려 본다. 앞으로, 그들로부터 몇 번의 초대를 더 받을 수 있을까? 생각해 보니 지금까지 그들의 초대를 받기만 했다. 너무도 염치없는 손님이었다. 이제부터는 내가 제자들을 초대하여 잔치를 베풀 차례임에 마음이 급하다. 삶의 관계 속에서 이루어진 숱한 초대에도 정성을 다해 감사의 선물을 준비하지 못하고 손님 대접만 받았으니 서둘러 잔칫상을 마련해야겠다. 평생을 초대받아 융숭한 대접을 받았으니 나는 은인들을 위해 종합 선물 세트를 준비해야 마땅하리라.

나는 천주교 신자인 남편과 결혼하던 해, 화이트 크리스마스에 초대받아 '수산나'라는 세례명으로 하느님의 자녀가 되었다. 세례를 받은 지 50년이 넘었지만, 천주교 신자로서 올곧은 삶을 살지 못하였다. 나를 초대해 주신 하느님의 의향이 어떤 삶인지 머리로만 생각하고 행동으로 옮기지 못했다.

마지막 초대장을 생각한다. 생生의 마지막 초대장은

하느님으로부터 받게 되리라. 해는 점점 기울어 서산을 넘을 준비를 한다. 어떤 삶을 살았느냐고 물으시면, 죄송하여 고개만 숙이고 있지 않을까. 더 늦기 전에 하느님의 초대에 '어떤 선물을 준비해야 할까'를 심각하게 고민할 때다. 아마도 그분이 가장 좋아하는 선물은 이웃을 위한 나눔과 겸손과 사랑의 실천이리라. 이제부터라도 약소하나마 드릴 영적 예물을 서둘러 준비해야겠다.

고라니의 탈출

 여리디여린 연둣빛 상추가 화분에서 자란 꽃처럼 예쁘다. 차마 손대어 뜯기 망설여져 한동안 상추를 들여다보았다. '신기하기도 하지. 깨알 같은 씨앗에서 어찌 이리도 예쁜 잎들이 생겨났을까?' 야드레한 잎에 고기 한 점 넣고 구수한 집된장을 얹은 쌈을 생각하니 군침이 돌아 상추 한 줌을 뜯었다. 여로에 물을 담아 상추에 흠뻑 뿌리며 문실문실 크라는 인사도 잊지 않았다.

 얼마나 더 예쁘게 컸을까? 한창 재롱부리는 손자가 눈에 아롱거리듯, 기대에 찬 마음으로 다시 농장을 찾았다. 남편은 농장 출입문을 열기 전에 언제나 자동차 클랙슨을 울린다. 혹시 밭을 기웃거리고 있을 야생동물에게 보내는 신호음이다.

이때였다. 갑자기 나타난 밭 주인에게 들켜 마음 편히 상추를 뜯고 있던 새끼 고라니가 놀랐는지, 밭고랑을 이리 뛰고 저리 뛰며 달아날 곳을 찾느라 애를 썼다. 고라니는 사람을 해치지 않는다지만 혹시라도 덤벼들까 나는 잔뜩 겁에 질려 놀란 토끼처럼 가슴이 콩닥거렸다.

 가끔 영화나 소설에서 탈출을 소재로 한 작품을 본 적이 있다. 위기에 처한 배우는 기이할 정도로 죽기를 각오하고 필사적으로 모든 힘을 쏟아붓는다. 나는 그날 영화처럼 초능력을 발휘하는 고라니의 사투를 보았다.

 낮은 산으로 둘러싸인 주말농장은 밭 전체를 야생동물이 드나들 수 없게 울타리를 쳤다. 아마도 고라니는 맛있는 상추를 먹으려 구멍을 뚫느라 애를 썼으리라. 한쪽에 농장 입구의 문이 열려 있었지만, 미처 열린 문을 발견하지 못한 고라니는 겅중겅중 밭 주변을 뛰며 탈출을 시도하였다. 서너 바퀴 사력을 다해 뛰던 고라니는 열린 문이 아닌, 높은 울타리를 훌쩍 넘어 숲속으로 사라졌다. 어떻게 그토록 놀라운 힘이 났을까? 어른 키보다 높은 울타리를 높이뛰기 선수처럼 훌쩍 넘는 모습이 너무도 놀라웠다. 탈출에 성공한 모습에 손뼉이라도 쳐주고 싶었다.

고라니처럼 겁에 질려 두근거리는 가슴을 진정하고 나니, 행여 숲속에 숨어 그 모습을 바라보면서도 어쩔 수 없어 안타까워했을 어미 고라니가 떠올랐다. 위험에 처한 자식을 바라보는 어미의 마음도 사람 못지않았으리라 생각하니, 마음이 언짢았다.

그리도 예쁘게 크던 상추는 대궁만 남긴 채 고라니의 먹이로 무참히 사라졌다. 농부들의 마음이 이런 걸까? 아깝고 허무했다. 그러나 고라니가 밉다는 생각보다는 탈출을 시도하던 고라니의 치열한 몸부림이 애잔했다.

고라니가 제일 좋아하는 것은 상추다. 밭에는 토마토, 파, 옥수수. 들깨 등 파릇파릇한 잎이 너풀거리는데 고라니는 유독 상추만 모두 뜯어 먹었다. 고라니는 향이 강하거나 잎과 줄기가 거친 작물은 싫어한단다. 그래서 부드러운 상추가 입맛을 돋우었나 보다.

고라니에게 보시報施를 한 상추는 다시 생기를 찾아 나풀나풀 날개를 달고 나를 기다려줬다. 우리 부부는 계속해서 고라니에게 상추를 내줄 만큼 너그럽지 못했다. 남편은 상추밭을 비닐 울타리로 둘러쳤다. 다만 고라니가 먹을 수 있도록 상추를 울타리 밖에 던져놓았지만, 한 번 놀란 고라니가 다시 찾은 흔적은 보이지 않았다. 밭에 갈 때마다 놀란 눈망울로 나를 원망하며 지켜보고 있을지도 모른다는 생각에 숲속으로 눈길이 갔다.

고라니는 주로 숲과 산림 지역에서 서식하며, 밤에 활동하는 야행성 동물이다. 세계적으로 대접받는 국제적 멸종 위기종이지만 우리나라에선 해를 끼치는 유해 야생동물로 지정되어 있다. 농작물의 피해액이 너무도 크기 때문이다. 농사를 짓는 분들에 대한 배려가 우선임은 당연하다. 그러나 멸종 위기에 있는 고라니를 위한 대책도 필수 과제가 아닐까?

벌의 멸종 위기 또한 심각하다고 한다. 나는 꽃을 사진기에 담는 남편을 따라 아름답다고 알려진 꽃밭을 누비고 다닌다. 요즘엔 부지런히 날갯짓으로 윙윙거리며 꽃과 사랑을 속삭이는 벌들을 보기가 어렵다. 식량자원 대부분이 벌의 수정으로 이루어진다니 미래의 후손들이 식량난을 겪게 되지 않을까 겁이 난다.

국제자연보전연맹(IUCN)의 최근 보고서에 따르면,

현재 약 8만 5천 종이 멸종 위기에 처해 있다고 한다. 이러한 위기는 생태계의 균형을 무너뜨리며, 나아가 인류에게도 지속적인 위험 요소가 될 수 있다니 걱정이다.

상추쌈을 먹을 때마다 고라니의 탈출이 떠오른다. 고라니가 또 다른 상추밭을 찾느라 기웃거리고 있으리라 생각하니 마음이 편치 않다. 고라니뿐만 아니라 풀 한 포기, 나무 한 그루, 벌 한 마리도 귀한 생명체이다. 지구상의 모든 생명체가 함께 공존해야 할 존재임을 새기며 멸종 위기에 처한 그들을 보호하고 함께 행복할 좋은 방법을 기대해 본다.

부록

신금철 연보

신금철 연보

충북 음성에서 태어났다.
청주교육대학을 졸업하고 42년 6개월 동안 초등교사로 봉직하였다.

〈한국문인〉 신인상으로 등단(2000년)하다.

충청일보 무심천 칼럼 집필(1992년), 청주시에서 주관하는 1인1책 펴내기 지도강사(2015~2021), 충청타임즈 '생의 한가운데' 집필진(2012~2018)으로 활동하였다.

작품집 —
수필집《숨어서 피는 꽃》2008년
수필집《호랑나비의 우화》2017년
수필집《꽃수繡를 놓다》2020년
기행수필집《가족 그 아름다운 화소》2020년

수상 —
충북예술제 산문 입상(1977)
전국여성독후감 입상(1977)
충청북도 근검절약수기 입상(1991)
크라운베이커리 주부글잔치 입상(1991)
MBC 여성 편지쓰기 입상(1992)
통일문예작품 입상(1998)
충청체신청 편지쓰기 입상(2008)
충북수필문학상(2018)
영광21 상사화축제 수필 입상(2018)
청양문학상(2019)
인산기행수필문학상(2020)
내륙문학상(2021)을 수상하였다.

충북수필문학회 부회장, 청주문인협회 부회장, 무심수필문학회 초대회장을 역임하였고 현재 청주교구 가톨릭문인회 회장, 한국수필가협회 이사를 맡고 있다.

신금철 수필선

소반다듬이

발행일 2025년 10월 28일
지은이 신금철
펴낸이 한국수필가협회 | 펴낸 곳 소후출판
주소   서울 마포구 양화로 156 엘지팰리스1906호
전화   02)532-8702~3
이메일 hksupil1971@daum.net

ⓒ 신금철 2025
ISBN 979-11-90528-52-8
정가 10,000원

* 이 책의 판권은 지은이와 한국수필가협회에 있습니다.
* 양측의 서면 동의없는 무단 전제 및 복제를 금합니다.
* 잘못된 책은 교환해 드립니다.